C'est décidé, j'arrête de me PLANTER !

LINA TCHAGASPANIAN
Créatrice des comptes Instagram et Tiktok @botaniquepragmatique
+ de 150 000 abonnés

C'est décidé, j'arrête de me PLANTER !

LAROUSSE

SOMMAIRE

LES ROCK STARS DE NOS INTÉRIEURS

FOIRE AUX QUESTIONS VÉGÉTALES

AVANT-PROPOS

Si vous lisez ces lignes, c'est que vous avez décidé de vous lancer dans l'aventure du jardinage d'intérieur. Félicitations !

Avant toute chose, une petite présentation s'impose. Je m'appelle Lina, j'habite dans le sud de la France et je suis ingénieure paysagiste-conceptrice, passionnée d'ethnobotanique.

Convaincue des bienfaits que nous tirons de nos relations avec le monde végétal au quotidien, je partage ma passion sur les réseaux sociaux depuis 2021. Vous m'avez donc certainement connue grâce à mes vidéos sur TikTok et Instagram sous le pseudo **@botaniquepragmatique**.

Dans ce livre, je vous propose de vous accompagner dans l'aventure merveilleuse de l'adoption d'une plante. Attention cependant, suite à la lecture de cet ouvrage, vous risquez de vous retrouver avec beaucoup plus de colocataires à feuilles que vous ne l'aviez imaginé ! Mais rassurez-vous, je suis certaine que c'est une saine addiction.

Bonne lecture !

Je tiens auparavant à apporter une petite précision concernant la pratique du jardinage. Je surprends parfois des discussions de passionnés sur des forums ou sur les réseaux sociaux, où on peut lire des commentaires du type « ce n'est pas comme ça qu'on fait ». Cette remarque m'interpelle à chaque fois, car le jardinage n'est pas une science exacte, mais une activité créée par et pour l'Homme.

Selon les pays, les époques, les modes, les avancées scientifiques et les innovations techniques, les pratiques varient considérablement. C'est un peu comme en cuisine, où il existe une multitude de façons de procéder. Alors, laquelle est la meilleure ? C'est à vous seul d'en décider !

Dans ce livre, je partage avec vous mes méthodes tirées de mes propres expériences. Mais cela ne veut pas dire que ce sont les seules qui vaillent. Au contraire, je trouve dommage de ne pas tenir compte de vos expériences qui sont – à mon sens – les plus enrichissantes. Alors oui, il y aura parfois des ratés ou des déceptions, mais aussi de belles surprises et la satisfaction de réussir. Plus vous pratiquerez, plus la botanique appliquée vous semblera logique, plus vous prendrez confiance en vous et en vos choix.

N'oublions pas le plus important : les plantes doivent rester pour vous une source inépuisable de plaisir et d'émerveillement !

Préparer L'ARRIVÉE D'UNE PLANTE

Bienvenue dans ce premier chapitre, où vous allez découvrir (ou simplement revoir) quelques bases en matière de botanique. L'idée n'est pas de vous assommer avec beaucoup d'informations théoriques mais de reprendre quelques fondamentaux. Pourquoi ? Car c'est en comprenant comment fonctionne une plante que vous saurez comment bien vous en occuper ! Petit à petit, et avec un peu de bon sens, vous deviendrez autonome et n'aurez plus besoin de passer des heures sur Internet ou dans les livres pour savoir quels soins apporter à telle ou telle plante.

MAIS AU FAIT, C'EST QUOI UNE PLANTE ?

Commençons par le commencement ! Sur 10 millions d'espèces vivantes, on compte environ 2 millions d'espèces végétales. Époustouflant, non ? En plus, chaque année, de nouvelles sont découvertes.

Pour commencer : une définition

Les plantes sont des êtres vivants qui se différencient des animaux, des organismes unicellulaires et des champignons par la présence de cellules végétales complexes qui leur sont propres. Comme nous, elles naissent, grandissent, respirent, se déplacent, mangent, se reproduisent et meurent, mais de manière bien différente.

Petite histoire de l'évolution

Les premières plantes terrestres sont apparues il y a plus de 500 millions d'années (c'est vertigineux !). Elles ont **appris à s'adapter** pour pouvoir coloniser tous les milieux qui existent sur terre. Cette grande diversité offre une palette impressionnante de formes et de couleurs ainsi que des particularités aussi insolites que fascinantes.

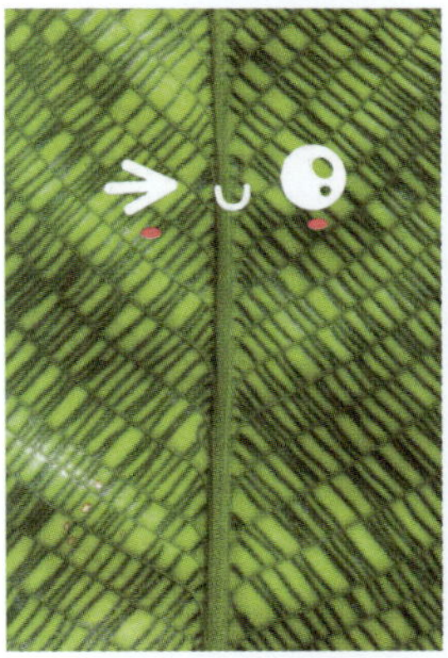

ET UNE PLANTE D'INTÉRIEUR, ALORS ?

Plante « verte », « d'intérieur » ou encore « ornementale » sont autant de termes pour désigner les végétaux qui peuplent nos habitations. Pourtant, disons-le immédiatement, ces dénominations ne veulent rien dire. Explications.

Contexte

Si vous avez visité le sud de la France, du côté de Nice ou de Palavas, vous avez peut-être déjà vu des avocatiers, des ficus ou des yuccas pousser dans des jardins. Pourtant, ils font partie de ce que l'on appelle communément les « plantes d'intérieur ». Cette dénomination est donc **parfaitement subjective** et ne correspond à rien de concret. On nomme « plante d'intérieur » les végétaux que l'on trouve **en jardinerie** et qui supportent de **grandir en pot** pour orner l'intérieur de nos habitations. Mais la liste peut être infiniment plus longue que le panel habituellement produit et commercialisé par les pépiniéristes !

Origine

Les plantes qui nous intéressent sont généralement issues de **zones tropicales** d'Amérique, d'Afrique ou d'Asie. Elles poussent sous la canopée, à l'abri du soleil direct, profitant de fortes précipitations et de températures clémentes. Les sols y sont extrêmement riches grâce à la décomposition d'une multitude de matières organiques. Vous voyez où je veux en venir ?

Besoins

Les plantes issues de cette palette végétale s'acclimatent volontiers dans nos intérieurs, car l'inertie thermique y est modérée et la lumière tamisée. Si on ajoute à cela des arrosages et des brumisations maîtrisés ainsi qu'un apport nutritif régulier, nos plantes retrouvent en quelque sorte **les conditions de leurs milieux naturels !**

Typologie

Parmi les best-sellers, quatre familles botaniques regroupent la plupart de nos colocs.

- **Les Aracées** : c'est la famille des philodendrons, la plus fournie.
- **Les Asparagacées :** c'est la famille des yuccas.
- **Les Marantacées :** c'est la famille des calathéas.
- **Les Orchidacées :** ce sont les orchidées, facile !
- On peut également ajouter les **cactées** et **les plantes dites « grasses »** qui sont généralement originaires d'Afrique et qui demandent des conditions beaucoup plus sèches et ensoleillées.

Les Aracées

Les Asparagacées

Les Marantacées

Les Orchidacées

Les cactées et plantes «grasses»

POURQUOI LES PLANTES NOUS RENDENT-ELLES PLUS HEUREUX ?

Nous savons tous intuitivement que le contact avec les plantes nous est bénéfique. Pour corroborer cela, de nombreuses études scientifiques ont été publiées, principalement depuis les années 1970 : petit récap !

La biophilie en question

La nature verdoyante nous renvoie inconsciemment à un élément positif. S'il y a des plantes, c'est qu'un lieu est source de vie. Dans un milieu naturel, loin de l'agitation de la ville, les stimuli sont moins menaçants et notre esprit est donc moins sollicité. Nous nous recentrons naturellement sur nous-mêmes dans un sentiment d'appartenance avec ce qui nous entoure. L'apaisement arrive. Ce **besoin primaire** et cet **amour inné pour la Nature** se nomment « biophilie ».

L'influence du contact avec les plantes

Des centaines de recherches à travers le monde révèlent le pouvoir incroyable des plantes sur notre santé, tant physique que mentale.

Si les bains de forêt japonais *shinrin-yoku* sont de plus en plus répandus, nul besoin de devoir poser une journée de RTT pour s'apaiser. Il est prouvé qu'un simple contact visuel de quelques minutes avec des plantes permet de se détendre significativement et d'augmenter ses performances cognitives.

Comment ?

Même sur le lieu de travail, ce contact dope la concentration et fait baisser le taux d'absentéisme. De quoi convaincre votre patron de végétaliser vos bureaux ! De fait, les vertus des plantes sont multiples, avec :

- **Une baisse :**
  - de l'anxiété,
  - de la fatigue,
  - du stress,
  - de la dépression,
  - du rythme cardiaque et respiratoire,
  - du ressenti de la douleur,
  - de la pression artérielle,
  - des maux de tête.
- **Une augmentation :**
  - de la concentration,
  - de la vitalité,
  - de l'estime de soi,
  - de la satisfaction générale.

Si vous hésitez encore à adopter une plante (ou que votre compagnon ou votre compagne ronchonne à l'idée d'avoir des plantes supplémentaires), voici un argument imbattable : **c'est bon pour la santé !**

SANS PLANTES, PAS DE VIE SUR TERRE !

La respiration et la photosynthèse sont à la base de la vie végétale. C'est grâce à elles que les plantes se transforment en véritables « usines à oxygène ». Replongeons-nous quelques instants dans nos manuels scolaires.

La photosynthèse

Pour rappel, la photosynthèse est le phénomène par lequel une plante va créer du sucre et du dioxygène en « recyclant » de l'eau et des sels minéraux (qu'elle trouve grâce à ses racines) et du dioxyde de carbone (qu'elle prélève dans l'air).
Ce processus a lieu de jour grâce à la chlorophylle, qui capte l'énergie solaire. Il est donc **indispensable à la survie de la plante**, c'est sa façon à elle de se nourrir !

La respiration

Si la photosynthèse est le yin, la respiration en est le yang ! Elle a lieu jour et nuit grâce à de petites « bouches » situées sous les feuilles : les stomates. Ces derniers s'ouvrent pour absorber du dioxygène (dans l'air) et le brûle grâce à du sucre (rappelez-vous la photosynthèse !). Cette étape permet de créer de l'**énergie vitale** pour la plante en rejetant de l'eau et du dioxyde de carbone.

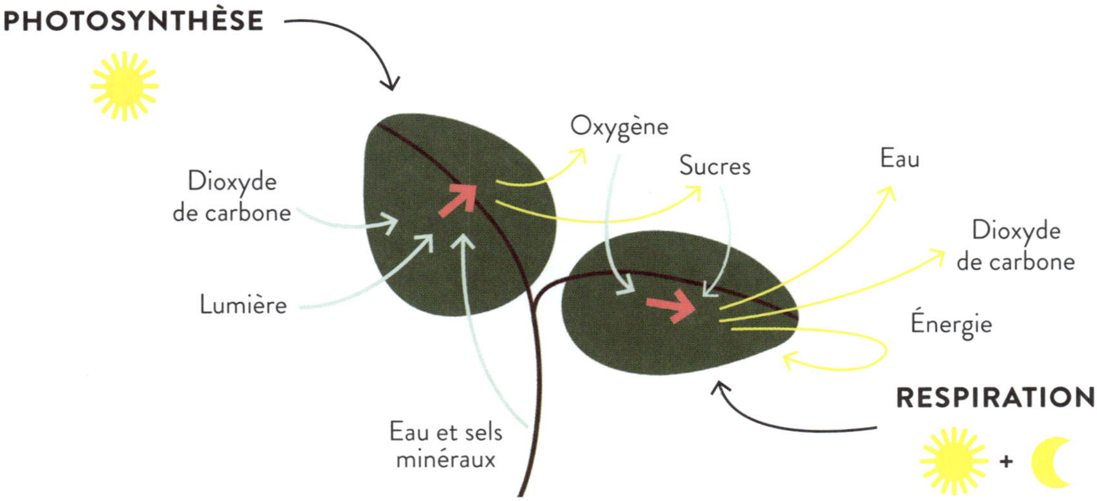

Je m'appelle Epipogium aphyllum. Mes amies sur cette page et moi-même ne contenons pas de chlorophylle !

Neottia nidus-avis

Monotropa hypopitys

L'exception qui confirme la règle

Néanmoins, il existe des exceptions au cycle naturel de la photosynthèse : certains végétaux dépourvus de chlorophylle se nourrissent en parasitant d'autres êtres vivants, comme des champignons.

Limodorum abortivum

« PARLE-MOI LATIN ! »

Vous avez sûrement remarqué que l'usage du latin est très courant en botanique. Ne croyez pas que c'est pour se la raconter en soirée, il y a bien une utilité ! Promis, vous y viendrez !

Le nom vernaculaire

Une même plante peut avoir une multitude de dénominations communes que l'on appelle « noms vernaculaires ». Par exemple, *Chlorophytum comosum*, que vous pouvez voir en page de droite, est nommé « phalangère » ou « plante araignée » en France. Entre Lille et Marseille, les noms des plantes ne sont pas forcément les mêmes, mais si on ajoute à cela les noms donnés dans d'autres pays, il devient simplement impossible de s'y retrouver. Certaines plantes ont des centaines de noms vernaculaires, tandis que d'autres partagent le même avec des espèces sensiblement différentes !

Strelitzia reginae

Caesalpinia gilliesii

Comment utiliser le nom latin ?

Pour désigner correctement une plante, on utilisera donc ce langage universel : **genre (avec une majuscule) puis espèce, le tout en italique.**
Par exemple, pour la langue de belle-mère : *Sansevieria trifasciata.*

Les deux plantes ci-contre, bien différentes, sont appelées toutes deux « oiseaux de paradis ».

Pour la petite histoire

Les confusions botaniques ont donc été fréquentes tout au long des siècles. Il a fallu attendre le XVIIIe siècle pour qu'un jeune botaniste néerlandais, Carl von Linné, crée un nouveau système de classification des plantes avec pour chacune un nom composé (le genre et l'espèce), dans une langue universelle, le latin. Cette langue internationale était déjà utilisée par la communauté scientifique cosmopolite qui l'adopta rapidement. À tel point que nous employons encore aujourd'hui ! Il est désormais impossible de confondre une espèce avec une autre, grâce à l'emploi de son vrai nom : son nom latin. Un peu comme nous avec notre nom de famille et notre prénom.

Le latin botanique en 4 leçons

- Il se peut que le nom latin soit suivi de la mention **« spp. »** : cela signifie que l'on parle du nom de **genre en général**.
  Par exemple, « *Calathea* spp. » veut dire « toutes les calathéas ».
- S'il y a un **« x »** entre les deux noms latins : c'est un **hybride** entre deux espèces.
  Par exemple, *Begonia* x *tuberhybrida*.
- S'il est noté **« v. »** ou **« var. »** avant un troisième nom : il s'agit de la variété.
  Par exemple, *Chlorophytum comosum* var. *variegata*
- Si le nom latin est écrit **entre guillemets** ou noté **« c »** ou **« cv »** : il s'agit d'un cultivar. C'est une variété créée par l'Homme, souvent dans un but commercial.
  Par exemple, *Monstera deliciosa* 'Thaï Constellation'.

LE SUBSTRAT

Terreau, humus ou terre végétale ? Tous ces termes ont des définitions proches et pas toujours claires. Ici, nous utiliserons le mot « substrat » pour parler du support de culture de nos plantes.

Présentation

Pour bien se développer, une plante a besoin d'un substrat adapté. N'oublions pas que c'est en quelque sorte sa **maison** et son **garde-manger**. Elle y ancre ses racines et y puise ses nutriments ; il est donc important de bien le choisir.

Choisir son terreau

Si vous le pouvez, utilisez vos sens :

- une belle **couleur** proche du noir,
- une **texture** légère et friable entre les doigts,
- une bonne **odeur** d'humus (ou de sous-bois pour les poètes),
- une **homogénéité** générale (pas d'excès d'éléments grossiers).

S'il ne vous est pas possible d'ouvrir le sac, concentrez-vous sur l'étiquette :

- **Le pH :** il doit être le plus neutre possible, entre 6,5 et 7,5.
- **Composition générale :** elle doit être variée et saine. On évitera la présence de tourbe, qui est extraite sans ménagement d'écosystèmes rares et lointains.
- **Matière sèche :** elle correspond, comme son nom l'indique, au pourcentage de matière sèche, le reste étant de l'eau. Je vous conseille de choisir un pourcentage d'au moins 45 % (plus il est faible, plus vous achetez... de l'eau !).
- **Matière organique :** exprimée en pourcentage, elle donne le taux de matière directement exploitable par la plante, le reste étant des composés minéraux servant à améliorer la structure du substrat. Prenez au moins 55 % de matière organique.
- **Écolabel :** label assurant un plus grand respect de l'environnement (matériaux renouvelables, prise en compte des milieux naturels, etc.).
- **Utilisable en agriculture biologique :** vous ne comptez pas manger votre plante ? Certes, mais cela devrait vous assurer un mélange exempt de produits phytosanitaires (pesticides, herbicides), d'engrais chimiques, d'OGM et d'autres cochonneries que l'on n'a pas envie de retrouver dans son intérieur !
- **NPK :** il s'agit d'engrais, voir le chapitre dédié, pages 50-51.
- **Autres indications (conductivité, résistivité...) :** ce sont des informations complémentaires sur la qualité du terreau. Je vous conseille de vous concentrer sur les autres points, qui me semblent suffisants pour faire un bon choix.

Choisissez un terreau (ou terre végétale amendée) le plus standard possible puisque vous allez précisément l'enrichir. Ce sera bien plus économique et adapté à vos besoins.

Lorsque je jardine en intérieur, j'utilise uniquement du terreau universel, que j'amende (c'est-à-dire que j'enrichis) par la suite pour l'adapter à mes différentes plantes (voir le chapitre suivant). Il s'agit généralement d'un mélange de différentes matières organiques et minérales prêt à l'emploi.

À chaque plante son substrat !

À chaque plante ses préférences et à chaque environnement ses adaptations. Je vous donne ici les principaux mélanges de substrats que je prépare, mais ils seront à adapter.

Standard
2/3 de terreau
+ 1/3 de drainage type pouzzolane fine

Plantes gourmandes en eau
1/2 de terreau
+ 1/4 de vermiculite
+ 1/4 de fibres végétales type coco

Plantes grasses et cactées
1/2 de terreau
+ 1/4 de drainage grossier type pouzzolane
+ 1/4 de drainage fin type sable

Orchidées
3/4 d'écorces de pin
+ 1/4 de fibres végétales type coco

Semis et boutures
1/2 de terreau tamisé
+ 1/4 de vermiculite de perlite
+ 1/4 de sable

Terreautage (voir page 37)
2/3 de terreau
+ 1/3 de compost

AMÉLIORER SON TERREAU

Comme nous l'avons vu précédemment, le terreau est la base de notre substrat. Pour l'adapter aux besoins de chaque plante, on pourra ajouter différents éléments structurels.

Fabriquer son substrat

Si vous avez des espèces différentes, vous constaterez que leurs besoins, notamment en matière d'arrosage, divergent. Pour ne pas avoir à établir un planning d'entretien, je vous conseille de prévoir dès le départ de quoi satisfaire chacune d'entre elles.

1 Fibre de coco

C'est un matériau naturel issu de la **coque de la noix de coco**. Elle remplace petit à petit la sphaigne dans les mélanges écologiques de terreau. Sa texture lui permet de former un bon substrat pour les boutures puisqu'elle reste aérée et ne se tasse pas. Légère, elle a **une bonne capacité de rétention d'eau**.

Pour qui ? Les plantes qui sont gourmandes en arrosage et ne supportent pas un substrat sec.

2 Perlite et vermiculite

Ce sont des **minéraux naturels** qui sont chauffés à très haute température : une sorte de pop-corn de cailloux ! Très légers, ils assurent **un bon drainage** du substrat. Leurs structures permettent de conserver légèrement l'humidité. Personnellement, je privilégie la vermiculite qui est produite en France.

Pour qui ? Ils sont idéals en mélange pour les plantes grasses et les semis fragiles, car ils aèrent et allègent le substrat.

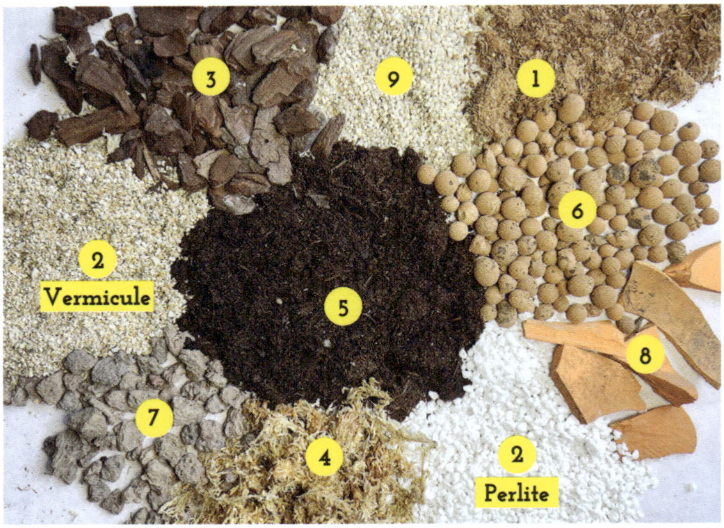

3 Écorce

Issue de divers arbres, c'est un matériau naturel. Elle permet d'ajouter des éléments grossiers pour assurer un **substrat léger** tout en gardant l'humidité.

Pour qui ? Le pin est le plus souvent utilisé. Son pH acide est tout indiqué pour certaines plantes comme les orchidées.

4 Sphaigne

C'est une **mousse** que l'on trouve facilement sous forme séchée en jardinerie. On l'utilise dans les substrats pour sa **capacité à retenir l'eau**. Cependant, elle pousse naturellement dans les tourbières, qui se font rares. Ces milieux étant menacés, je vous conseille de remplacer la sphaigne par d'autres fibres végétales.

Pour qui ? Les plantes qui sont gourmandes en arrosage et ne supportent pas un substrat sec.

5 Compost

C'est le **meilleur apport organique** à incorporer à un substrat. Vous pourrez vous en servir pour nourrir un « vieux » terreau, par exemple. En plus, c'est économique.

Pour qui ? Toutes vos colocs !

6 Billes d'argile

Ce sont **des boules d'argile** chauffées à haute température (rappelez-vous le pop-corn). Elles servent de **matériau de drainage** tout en conservant l'humidité dans leur structure alvéolée. Mieux calibrées que la pouzzolane, elles permettent de faire des lits de brumisation (voir pages 48-49).

Pour qui ? Faciles à trouver, elles conviennent à toutes nos plantes comme lit de drainage.

7 Pouzzolane

Il s'agit d'une **roche volcanique** que l'on trouve notamment en Auvergne. Elle n'a pas subi de transformation et constitue donc la solution la plus écologique pour **drainer** son terreau. La granulométrie étant plus élevée, elle est adaptée aux gros pots.

Pour qui ? D'un pH neutre, elle convient à toutes les cultures et peut également servir de paillage décoratif.

8 Tessons de terre cuite

Issus de pots cassés, on les utilise pour empêcher le substrat de fuir par le trou d'évacuation de notre pot.

Pour qui ? Toutes vos plantes ! Un pot doit obligatoirement être drainé.

9 Sable

Élément minéral naturel, il peut provenir d'une multitude de lieux. C'est un élément incontournable pour **alléger**, **décompacter** et **drainer** son substrat. Il ne retient pas l'eau, qui s'évacue ainsi plus rapidement et assèche plus vite le substrat.

Pour qui ? Il est tout indiqué pour les cactées et les petits pots ne supportant pas les excès d'arrosage.

Rien ne vaut l'observation

En observant vos plantes jour après jour, vous verrez très vite celle qui, par exemple, supporte mal les arrosages copieux et celle qui a besoin d'un substrat très riche. Il vous suffira donc de lui ajouter en mélange, lors d'un rempotage, le ou les éléments qui lui permettront de satisfaire ses besoins en se rapprochant au mieux de son milieu naturel.

QUEL MATÉRIEL PRÉVOIR ?

Pour jardiner dans de bonnes conditions, armez-vous de quelques outils et matériaux indispensables. Vous verrez avec le temps et l'usage comment compléter ce *starter pack* du jardinier !

Terreau

Comme nous l'avons vu précédemment, il est la base de votre substrat. Choisissez-le avec soin !

Drainage

Sable, billes d'argile, pouzzolane ou gravier récupéré chez votre mémé, peu importe ! Il vous permettra d'améliorer votre terreau.

Microfibre

Ou chiffon doux, à réserver au dépoussiérage et au nettoyage des feuilles.

Vaporisateur

Ou brumisateur – si, si, promis, ce n'est pas qu'un bel objet de déco ! La plupart de vos plantes apprécieront des coups de pshitt-pshitt réguliers.

Pots

Choisissez-les de préférence en terre cuite. Pensez aussi à garder les pots d'origine et à opter pour la récup lors de nouvelles adoptions ou quand vous faites des boutures. Les pots sont fabriqués dans des tailles standardisées, on trouve généralement l'indication sous le pot.

Soucoupes

Pour éviter les accidents d'arrosage, optez sans hésitation pour des coupelles, plus adaptées que les cache-pots. Elles vous serviront également pour la brumisation.

Rétenteur d'eau

La fibre de coco (notamment sous forme de disques) prend peu de place et vous servira toujours à enrichir votre substrat.

Arrosoir

Eh oui ! Vous vous lancez pour de bon dans le jardinage, alors on jette la bouteille en plastique et on investit dans un objet spécialement dédié ! Je vous conseille de partir sur un arrosoir à bec fin, bien plus pratique pour arroser sans en renverser partout.

Alcool

Il vous sera très utile pour désinfecter votre sécateur et éviter les contaminations diverses. L'alcool de pharmacie à 70° devrait convenir. (Rangez cette bouteille de vodka ! Je vous ai à l'œil, alors ne pensez même pas trinquer avec vos plantes !)

Ficelle

Ou raphia, toujours utile pour attacher une branche folle ou installer un tuteur, par exemple.

Sécateur

Cela peut aussi être une paire de ciseaux spécialement dédiée au jardinage (oui, je vous vois venir avec votre outil qui sert aussi à couper la pizza !). Si vous utilisez les mêmes ciseaux pour couper tout et n'importe quoi, le côté tranchant va s'abîmer prématurément ; vous ne pourrez plus faire de coupe nette telle que le requiert la taille.

Savon noir

C'est un peu mon produit « miracle », celui que j'utilise pour me débarrasser de la plupart des bestioles qui ravagent mes petites protégées ! Je vous en dis plus pages 134 à 141.

DITES-MOI OÙ VOUS VIVEZ, JE VOUS DIRAI QUELLE PLANTE EST FAITE POUR VOUS

Pour avoir la chance que vos plantes s'épanouissent, il est important de prendre en compte les particularités de votre habitation et la manière dont vous pourrez vous en occuper. Certains paramètres peuvent constituer une vraie contrainte et d'autres peuvent être changés. Il est donc essentiel de prendre le temps de réfléchir à tout cela en amont.

Quels points prendre en compte ?

- **La luminosité :** soleil direct ou indirect.
- **L'exposition :** nord, sud, est, ouest.
- **L'humidité :** hygrométrie.
- **L'amplitude thermique :** isolation et localisation.
- **La taille de la pièce,** et notamment la hauteur sous plafond.
- **Les autres occupants de la maison.**

Quelle plante pour débuter ?

Voilà une question que l'on me pose souvent et à laquelle je ne peux répondre que subjectivement. Je vous conseille avant tout de choisir une plante qui saura supporter vos petits travers (si, si, on en a tous !). Pourquoi ? Qu'on se le dise une bonne fois pour toutes : **la première cause de mortalité chez les plantes, c'est de vouloir trop bien s'en occuper !** Trop d'eau, trop d'engrais, trop de rempotages, trop de soleil… Voici donc une petite sélection de plantes **relativement résistantes,** adaptées à différentes situations.

J'ai des enfants ou des tigres d'appartement (N.D.L.R. : des chats).

Je choisis une plante qui ne sera ni toxique, ni piquante, ni trop fragile.
Bonjour monnaie chinoise (*Pilea peperomioides*), *exit* les euphorbes !

Je suis souvent absent.

J'opte pour une plante adaptée à des arrosages irréguliers ou espacés.
Bonjour sédum (*Sedum* spp.), *exit* les plantes tropicales sans système dédié !

La pièce n'est pas chauffée en hiver.

Je choisis une plante rustique.
Bonjour *Fatsia*, *exit* les espèces frileuses !

J'ai peu de place à la maison.

Je choisis une plante qui gardera des dimensions raisonnables à l'âge adulte.
Bonjour euphorbe cierge (*Euphorbia erythrea*), *exit* les monsteras !

Il y a du soleil direct là où je veux la placer.

Je choisis une espèce supportant ce contact. Bonjour arbre de Jade (*Crassula ovata*), *exit* les espèces de sous-bois !

Mon appartement est traversant.

J'adopte une plante qui supportera les courants d'air.
Bonjour caoutchouc (*Ficus elastica*), *exit* les plantes à petites fleurs !

J'ai la main lourde en arrosage.

Je choisis une plante qui a les pieds dans l'eau. Bonjour faux papyrus (*Cyperus alternifolius*), *exit* les cactées !

Je dispose d'un bel espace que je souhaite végétaliser.

Je choisis une plante rustique.
Bonjour châtaignier de Guyane (*Pachira aquatica*), *exit* les plantes cailloux (*Lithops*) !

Les colocs les plus difficiles

Si vous débutez, je vous déconseille certaines plantes qui sont « séduisantes » et répandues, mais qui nécessitent des soins particuliers. Leur culture n'est pas aussi facile qu'elle y paraît. Attendez d'être un peu plus à l'aise en jardinage pour craquer ! Parmi elles : *Aloe vera, Medinilla magnifica, Euphorbia pulcherrima, Cocos nucifera,* ainsi que les érables, bonsaïs, agrumes et cactus.

La magnifique médinilla est une drama queen, très difficile à conserver !

OÙ CHOISIR SES PLANTES ?

Jardinerie, fleuriste ou grande surface, le choix est varié pour trouver des végétaux. Les prix de certains magasins non spécialisés sont souvent très attractifs, mais les plantes y sont-elles de bonne qualité ?

Quel magasin ?

On ne va pas se mentir, la très, très, très grande majorité des plantes que l'on trouve en jardinerie ou en grande surface viennent exactement des mêmes pépinières de production situées en Hollande, en Belgique ou en Espagne.

Des plantes gratuites ?

Voici quelques pistes pour trouver votre bonheur à moindre coût :

- **Les groupes d'échange** de plantes entre particuliers sur les réseaux sociaux.
- **Les événements locaux** type « troc de plantes ». Il y en a souvent au printemps dans toutes les communes, renseignez-vous pour connaître les dates !
- **La récup de graines ou de boutures** auprès de vos proches (affichez votre plus beau sourire).
- **Les applis anti-gaspi**, type Phenix ou Too Good To Go : il y a de plus en plus de paniers d'invendus (branche cassée ou plante défleurie) à prix rikiki ! Certains magasins ont aussi une zone de déstockage qui peut être intéressante.
- **Auprès de votre municipalité** : vous avez sûrement remarqué qu'il y a dans l'espace public des zones de fleurissement qui changent de composition à chaque saison et qui sont souvent pourvues de quelques plantes d'intérieur (bananiers, coléus, cannas…). Demandez aux jardiniers, lorsqu'ils sont sur place, si certaines plantes partent à la poubelle et si vous pouvez les récupérer.

Si vous avez la chance d'avoir une pépinière française à côté de chez vous qui ne soit pas simplement revendeuse, je ne peux que vous encourager à y acheter vos plantes ! Malheureusement, dans le milieu des plantes d'intérieur, les producteurs français sont peu nombreux et souvent spécialisés dans des plantes rares et donc onéreuses.

C'EST PARTI POUR LE *SPEED DATING* EN MAGASIN !

Le moment crucial est arrivé, il est l'heure de faire passer le casting ! Mais, devant tant de choix, vous ne savez pas quelle plante sera l'élue de votre cœur. Pour cela, prenez le temps qu'il faut pour l'inspecter sous toutes les coutures !

1. Le pot

On ne pense pas forcément à l'examiner en premier, et pourtant ! Il est important de vérifier l'état du **système racinaire**. Si le pot est cabossé (comme sous pression) ou que vous n'arrivez pas à retirer la motte à cause des racines trop nombreuses, je vous conseille de passer votre chemin. Une plante présentant un « chignon » voit sa vie réduite à moyen terme. Lorsque vous retirez le pot, vérifiez aussi qu'il n'y ait **pas d'odeur désagréable** qui indiquerait un risque de pourriture.

2. Les feuilles

Outre l'aspect esthétique, choisissez la plante qui présente un maximum de **feuilles indemnes** de déchirures, de taches et de jaunissement. Il est très important aussi de vérifier qu'**aucun insecte** ne se balade sur votre plante, car vous risqueriez de ramener une bombe à retardement chez vous !

3. Les départs

Si la plante a plusieurs pieds, je vous conseille de la comparer avec ses voisines pour sélectionner celle qui a **un maximum de départs** (c'est-à-dire de pousses). Ce ne sera pas forcément la plus grande, mais celle qui sera la plus fournie à terme. De plus, vous pourrez la diviser plus rapidement pour enrichir votre collection !

4. Les fleurs

S'il s'agit d'une plante à fleurs, le mieux est de choisir un sujet qui est encore **en boutons**. Cela vous permettra de la voir s'épanouir jour après jour et d'en profiter plus longtemps. Celles qui sont déjà fleuries en magasin ne tarderont pas à faner.

1

2

3

4

Ça y est, J'AI TROUVÉ MA COLOC !

Après avoir observé, détaillé, reniflé, ausculté, comparé, hésité et finalement craqué, vous voilà enfin chez vous avec l'élue ! Mais après tant de pérégrinations, il serait dommage de s'en remettre au hasard. Voici donc quelques conseils pour optimiser votre colocation !

ACCUEILLIR SA NOUVELLE COLOC

Ça y est ! Vous avez enfin craqué et vous rentrez chez vous avec votre jolie plante. Voici quelques petits conseils pour bien débuter cette nouvelle cohabitation.

1. Vous avez inspecté sommairement la plante au magasin, mais il faut maintenant **la passer au peigne fin** pour être sûr qu'il n'y a pas de petites bestioles difficilement repérables, des thrips notamment (voir page 140). Si vous avez déjà des plantes, c'est une étape indispensable pour éviter une épidémie. En cas de doute, **placez-la en quarantaine,** à l'écart des autres, le temps de voir comment elle évolue.

2. Généralement, les plantes que l'on trouve en jardinerie sont poussées au maximum de leur développement dans leur pot. Je vous conseille donc de procéder rapidement à un **rempotage** (voir page 36). Ce sera aussi l'occasion de finir d'inspecter votre plante en vérifiant que tout se passe bien au niveau racinaire.

3. Placez la nouvelle venue directement à son **emplacement définitif**. La plupart des plantes n'aiment pas changer d'environnement, il est donc important d'éviter de les déplacer pour leur épargner un stress supplémentaire. De plus, cela vous permettra de repérer si son emplacement lui convient sur le long terme.

4. Si elle reçoit le soleil direct, il est important de disposer une **protection provisoire**, car la majorité des plantes d'intérieur ne l'ont jamais connu. Cela peut être un voile d'ombrage ou simplement du papier de soie, un foulard fin ou autre fixé à la fenêtre. Il faudra habituer la plante petit à petit pour éviter les coups de soleil (si, si, ça existe !).

LE REMPOTAGE, UNE ÉTAPE CRUCIALE !

Contrairement à leurs compatriotes qui poussent en pleine nature, nos plantes d'intérieur sont soumises à une contrainte physique de taille : leur pot. Il est nécessaire d'adapter ces contenants tout au long de leur croissance. Mais on ne sait pas toujours comment s'y prendre : zoom sur les bonnes pratiques !

Trois nécessités de rempoter ses plantes

1. Quand nous sommes enfants, nous **adaptons la taille** de nos chaussures **au fur et à mesure de notre croissance**. C'est la même chose pour le système racinaire de nos plantes ! Lorsque les racines sont trop à l'étroit, elles s'enroulent tout autour de l'intérieur du pot et forment progressivement un chignon (comme sur la photo en bas de la page 37). Ce sac de nœuds condamne la plante à moyen terme, il faut donc agir avant.
2. Comme évoqué pages 20-21, le substrat a besoin d'être **amendé** régulièrement. Le rempotage sera donc l'occasion de l'enrichir en incorporant de la matière organique (compost) utilisable par la plante.
3. Cette étape vous permettra de surveiller **la bonne santé** du système racinaire de votre plante en vous assurant de l'absence de pourriture et d'insectes ravageurs.

Quand ?

L'idéal est de procéder au **début du printemps**, lorsque les jours rallongent et que la plante sort de son repos hivernal, soit **fin mars**. Cela dit, si vous venez d'adopter une plante et qu'elle est à l'étroit, n'hésitez pas à la rempoter même si la période n'est pas la meilleure. Tâchez simplement de ne pas opérer les jours les plus chauds de l'année.

Le terreautage

Lorsque la plante est âgée, le système racinaire se stabilise peu à peu et le besoin de rempotage devient moins fréquent. Mais si vous observez la surface de votre pot après plusieurs mois, vous verrez que le substrat se réduit petit à petit, et c'est normal : votre plante le consomme ! Il faut alors procéder à un terreautage (ou surfaçage), qui consiste à simplement remettre de la matière sur le dessus pour compenser celle perdue. Cela permet aussi d'espacer les rempotages en nourrissant substrat et plante.

Si votre plante est fleurie, je vous conseille de couper les fleurs. Je sais que cela peut vous donner l'impression de « gâcher » l'esthétique de votre plante, mais sachez que cette dernière aura du mal à produire suffisamment d'énergie pour maintenir ses fleurs en place et créer des racines simultanément.

La technique des quatre quarts

J'ai remarqué qu'il existait souvent un rapport harmonieux dans les proportions des plantes bien développées. La hauteur du **pot** représente environ **un quart de la taille totale** (pot compris) du végétal. En dessous, je rempote. Au-dessus : elle est à l'aise ! Cette technique n'est pas une science exacte et dépend évidemment de l'espèce. Je l'affine donc avec l'encadré ci-dessous.

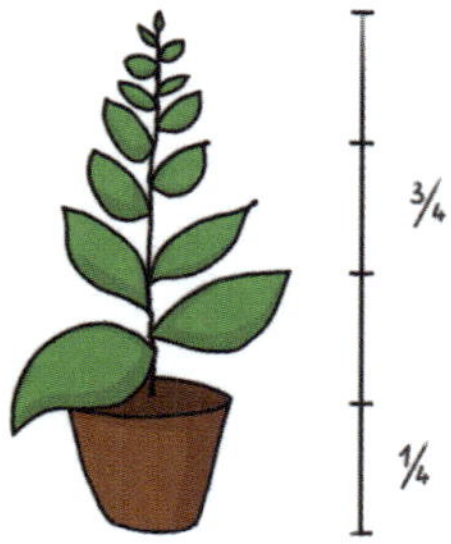

Vous saurez que c'est le moment pour rempoter si :

- la motte est très compacte,
- vous avez du mal à l'extraire,
- la surface visible de racines est supérieure à celle du terreau.

À quelle fréquence ?

Le rempotage demande beaucoup d'énergie à la plante, car elle devra produire de nouvelles racines pour s'ancrer. Il est donc recommandé d'attendre environ **deux ans** entre chaque changement de pot. Cette donnée est, encore une fois, à ajuster selon la vitesse de croissance du végétal et la taille du pot d'origine.

Le matériel pour rempoter

- un **pot** une à deux tailles supérieures au pot actuel
- du **substrat**
- un **matériau de drainage** (billes d'argile, pouzzolane...)
- un **tesson** ou un **galet**
- un **disque de géotextile** (c'est une toile de jardinage)

Les étapes

1. Placez un tesson ou un galet au fond du pot pour éviter que le matériau de drainage que vous allez utiliser et le substrat ne s'échappent par le trou d'évacuation.
2. Versez un lit de billes d'argile (ou autre matériau de drainage) sur environ un cinquième de la hauteur du pot. Cela évitera que les racines ne pourrissent dans un terreau détrempé si vous avez la main trop lourde sur l'arrosage, par exemple.
3. Déposez par-dessus le disque de géotextile : il servira de « filtre » pour que le substrat ne se mélange pas aux billes d'argile. Dépotez la motte délicatement pour préserver un maximum de racines. Si elles sont trop compactées et que vous n'arrivez pas à extraire la plante, ne forcez pas et découpez ou cassez le pot.
4. Grattez délicatement la motte avec une griffe, vos doigts ou tout objet qui vous conviendra. Le but est de libérer les plus grosses racines et stimuler l'apparition de nouvelles radicelles. Cela permet également de limiter l'apparition d'un chignon en « cassant » la forme de l'ancien pot.
5. Versez un peu de substrat au fond du pot pour pouvoir ensuite placer la plante à bonne hauteur.
6. Soutenez la plante d'une main dans le pot et versez le substrat petit à petit : les racines resteront les plus droites possibles pour épouser leur nouvel habitat. Ne tassez pas et laissez 1 cm libre en haut du pot.
7. Arrosez abondamment pour chasser toutes les bulles d'air. Cela permet également de tasser naturellement le substrat, qui va réduire d'environ 10 à 20 % : on appelle cela le « plombage ». Vous pourrez ajouter une poignée de terreau par la suite. C'est terminé !

ÇA Y EST, J'AI TROUVÉ MA COLOC !

L'ARROSAGE

Comme nous l'avons vu page 16, l'eau est un élément indispensable à la vie végétale. Dans nos intérieurs contraints, il est très important de prendre ce sujet au sérieux pour un parfait développement de nos colocs.

Quand ?

Pour savoir quand arroser votre plante d'intérieur, je vous conseille la bonne vieille **technique du doigt** (oui, oui, les méthodes les plus simples sont parfois les meilleures !). Cette technique est adaptée à la plupart de nos plantes d'intérieur, c'est-à-dire celles de type tropical.

Pour cela, vous allez vous armer d'un doigt (le vôtre, de préférence) et l'enfoncer dans le pot jusqu'à la deuxième phalange. S'il ressort humide avec du terreau dessus, c'est que le substrat est encore suffisamment hydraté. S'il ressort sec, c'est qu'il est temps d'arroser !

Quelle eau ?

L'idéal reste l'**eau de pluie**. Il existe maintenant tout un tas de récupérateurs adaptés aux petits espaces (balcons et jardins). Si vous ne pouvez pas en installer, vous n'avez pas d'autre choix que de vous tourner vers l'eau du robinet. Le problème : le chlore et le calcaire, qui sont présents en taux variables selon l'endroit où vous habitez. Et, malheureusement, nos plantes ne les apprécient généralement pas beaucoup.

Niveau température, n'oubliez pas d'où viennent vos plantes ! Elles apprécieront **une eau à température ambiante**, voire légèrement tiède. Certaines espèces redoutent l'eau froide et vous risqueriez de les voir péricliter très rapidement !

Pour améliorer la qualité de l'eau de votre robinet et avoir des plantes en bonne santé, vous pouvez utiliser une **carafe filtrante** ou un **osmoseur** afin de réduire voire éliminer le chlore et les autres polluants. N'oubliez pas ensuite de reminéraliser votre eau avec de l'engrais !

Si votre eau est très calcaire, vous pouvez verser 1 c. à soupe de vinaigre ou de jus de citron par litre (ajustez la quantité selon votre taux de calcaire). Laissez reposer quelques heures avant d'arroser.

En quelle quantité ?

Si on vous dit qu'il faut donner telle quantité pour telle plante, on vous mentira forcément. Il est absolument **impossible de fournir ce genre d'information** car cela dépend d'énormément de facteurs ! Quelle espèce ? Quelle exposition ? Quelle saison ? Quelle région ? Quel âge a la plante ? Est-elle en fleur ? Et je pourrais en lister bien d'autres.

En fouillant dans des livres ou sur des sites spécialisés, vous trouverez des indications de fréquence qui doivent uniquement vous servir de point de comparaison. Fiez-vous à votre instinct et à l'allure de votre plante. Il y aura forcément des signes qui vous permettront de savoir si vous arrosez bien, trop ou trop peu. Petit à petit, vous connaîtrez votre plante et saurez adapter l'arrosage. **Faites-vous confiance, c'est le meilleur indicateur !**

À quelle fréquence ?

Comme pour le volume d'eau à apporter, il est impossible de répondre de façon réaliste. Partez du principe qu'en hiver, une plante est en repos et a besoin de peu d'apports. En été, il faudra être vigilant et l'hydrater régulièrement, sans la noyer. Durant les saisons intermédiaires, faites un entre-deux !
Un indice qui ne trompe pas : dès que vous voyez que les feuilles commencent à s'affaisser, vous pouvez arroser !

Deux règles d'or

1. Il est important de rappeler qu'il vaut mieux arroser peu souvent mais en bonne quantité plutôt que souvent en petite quantité. Cela force la plante à plonger ses racines et à les développer pour capter un maximum d'humidité dans son substrat.

2. Il vaut mieux que votre plante souffre d'un manque d'eau plutôt que d'un excès d'eau. Le premier point est rattrapable tandis que le second entraîne souvent la mort du sujet !

PRO-BAIN OU PRO-DOUCHE ?

Si vous lisez des articles et des discussions sur les blogs et forums qui concernent l'arrosage, vous verrez qu'il existe deux *teams* : celle des pro-douches et celle des pro-bains. Alors, laquelle choisir ?

Le bain

Le bain consiste à faire tremper le pot dans un grand contenant rempli d'eau. Le substrat va **aspirer** l'eau par capillarité et **s'hydrater** doucement. La plante n'aura plus qu'à venir piocher !

Avantages :

- Le substrat va pomper **la quantité dont il a besoin**. Aucun risque de ne pas « assez arroser ».
- Cette technique permet à la plante de créer **un système racinaire bien développé**. Elle sera plus autonome et résistante qu'avec un arrosage par douche !

Inconvénients :

- Si vous avez beaucoup de plantes, vous verrez qu'il faut une certaine **logistique** pour pouvoir baigner tout le monde. Personnellement, il me serait impossible de le faire pour toutes mes plantes sans devoir poser régulièrement des jours de RTT !
- Vous risquez de **donner trop d'eau** à votre plante en détrempant le substrat.

Adapté pour :

Les plantes qui s'arrosent moins souvent et ont donc besoin de « faire le plein » : les orchidées ou les plantes grasses, par exemple.

Inadapté pour :

- Les plantes ne supportant pas un substrat gorgé d'eau.
- Les gros pots difficiles à manipuler...

La douche

Il s'agit de la méthode « standard » avec le bon vieil **arrosoir** ou, pour les plus audacieux, dans le bac à douche.

Avantages :

- C'est la solution la plus **rapide** pour arroser toutes vos plantes. Sous la douche, vous pourrez arroser le feuillage au passage si vous le souhaitez.
- Elle permet également de **doser** plus facilement, notamment en hiver, pour ne pas risquer de détremper le terreau.

Inconvénients :

- En arrosant par le dessus, on donne généralement moins d'eau. Cela pousse la plante à développer un système racinaire en surface, beaucoup plus **dépendant** des arrosages.
- Vous risquez de **ne pas donner assez d'eau** à votre plante.

Adapté pour :

- Les gros sujets.
- Ceux qui ne supportent pas un substrat détrempé.
- Si vous êtes à l'aise pour juger les quantités à donner.

Inadapté pour :

- Les plantes ne supportant pas d'avoir le feuillage humide.
- Celles qui ont besoin d'hydrater leurs racines en profondeur.
- Si vous avez un arrosoir à bec fin et que vous n'avez pas la tremblote !

Bilan du match

LE BAIN VS LA DOUCHE

Encore une fois, vous êtes la personne la mieux placée pour savoir quel arrosage vous conviendra et plaira à vos plantes ! Rien ne vous empêche d'adapter vos arrosages : certaines à la douche et d'autres au bain !

Sachez aussi que si vous êtes un adepte de la douche, un bain fera le plus grand bien à vos plantes de temps en temps, notamment en été. À l'inverse, celles qui aiment avoir le feuillage humide vous remercieront si vous les douchez parfois !

FABRIQUER UN OYA

Âgé de plusieurs millénaires, cet objet d'artisanat est devenu un objet déco indissociable de nos plantes d'intérieur. Le problème, c'est que si l'on veut se doter d'un oya par pot, cela peut revenir extrêmement cher. Je vous propose donc d'apprendre à en fabriquer un vous-même pour trois fois rien.

De quoi s'agit-il ?

L'oya est un **système d'arrosage passif** en terre cuite. Le principe consiste à remplir le récipient, qui restituera l'eau progressivement. Ainsi, le substrat est hydraté en continu par capillarité. Cette technique sert d'arrosage d'appoint en évitant que le substrat ne se dessèche complètement entre deux arrosages. Concrètement ? Vous arroserez moins souvent et les racines se développeront mieux dans leur pot.

Le matériel

Il vous faut :

- un **pot en terre cuite** non émaillé (très important pour garder la porosité)
- une **coupelle** de taille suffisante pour couvrir le haut du pot
- un **bouchon en liège** (je les récupère auprès de restaurateurs avant qu'ils ne partent à la poubelle)
- un **feutre**
- un **cutter** ou un **scalpel**

Les étapes

1. Positionnez le bouchon contre le trou de drainage et reportez, à l'aide du feutre, le diamètre du trou. Taillez le bouchon en cône en vous aidant de la marque.
2. Placez le bouchon à l'intérieur du trou du pot et faites-le pivoter pour qu'il rentre d'un tiers au minimum.
3. Procédez au test d'étanchéité en remplissant le pot d'eau : aucune goutte ne doit passer entre le bouchon et le trou de drainage. Si l'oya goutte, retaillez le bouchon pour qu'il épouse bien l'orifice et obtenir une bonne étanchéité. Certains bouchons peuvent avoir un effet « goutte-à-goutte » s'ils ont été abîmés par le tire-bouchon. Dans ce cas, changez-le.
4. Vous allez voir la teinte de votre terre cuite changer et la surface s'humidifier petit à petit. Pas de fuite ? Alors c'est prêt ! Vous n'avez plus qu'à creuser une place dans le substrat de votre plante (attention à ne pas abîmer les racines) et à y placer votre oya. Couvrez-le avec la coupelle (très utile pour éviter que vos tigres d'appartement ne viennent boire dedans ainsi que la prolifération de moucherons et de moustiques).

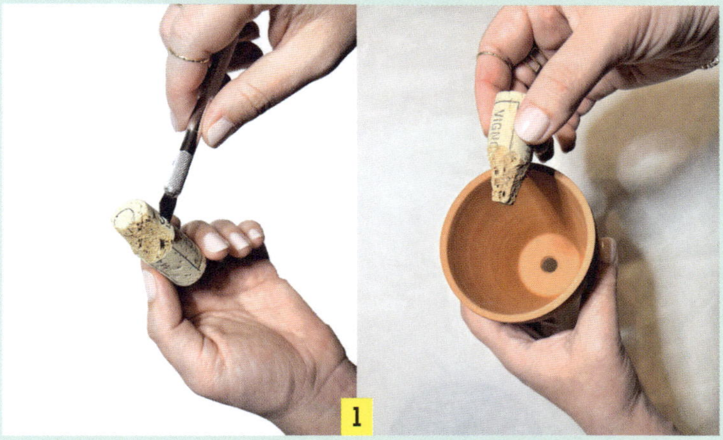
1

2

4

Tadam !

FABRIQUER UN POT À RÉSERVOIR D'EAU

Les pots à réservoir d'eau sont indéniablement pratiques pour les têtes en l'air et les adeptes des voyages. Avant d'en fabriquer pour tous vos colocataires, assurez-vous que vos plantes soient compatibles avec ce système. Cactées et succulentes, par exemple, ne supporteront pas d'avoir un substrat toujours humide !

Le matériel

Il vous faut :

- deux **pots** en plastique avec une taille de différence et des trous de drainage
- un morceau de **ficelle**
- un **tuteur** en bambou (ou équivalent) de 5 cm au minimum

Les étapes

1. Attachez fermement la ficelle au tuteur, puis placez-la sous le pot le plus grand.
2. Placez le plus petit pot à l'intérieur du grand et vérifiez la hauteur : le pot intérieur ne doit pas être visible.
3. Soulevez le petit pot pour faire passer la ficelle à travers un trou de drainage. Le tuteur doit empêcher la ficelle de ressortir complètement.
4. Maintenez la ficelle droite avec une main et commencez à remplir de terreau. Il n'y a plus qu'à planter et à finir de remplir !
5. Arrosez votre plante normalement. L'eau en excès sera stockée entre les deux pots et sera ensuite restituée aux racines par capillarité grâce à la ficelle !

1

3

LA BRUMISATION : BONNE OU MAUVAISE IDÉE ?

Plusieurs écoles s'affrontent sur cette épineuse question : faut-il brumiser ses plantes d'intérieur ? Certains jardiniers avancent que cela n'est pas utile tandis que d'autres ne jurent que par ça !

Pourquoi ?

Nous l'avons vu, la plupart de nos plantes d'intérieur sont issues d'un **milieu tropical** où l'humidité règne en maître. Nos intérieurs modernes, secs, isolés et chauffés, ne proposent pas une hygrométrie favorable. Il est évident que nos plantes souffrent de cette sécheresse : cela s'observe facilement sur leurs feuilles (voir la « foire aux questions végétales », page 109). D'ailleurs, certaines plantes y sont plus sensibles, c'est le cas notamment des monsteras et des orchidées. Pour moi, la question n'est donc pas de savoir si l'on doit les brumiser, mais quand et comment !

Quand ?

- **L'été :** plusieurs fois par semaine, lorsque l'air ambiant est particulièrement chaud et sec, et que vos plantes sont en plein développement.
- **Au printemps et en automne :** plus modérément, car les journées peuvent être plus humides.
- **L'hiver :** ponctuellement, lorsque le chauffage tourne à fond et assèche l'air de la maison.

Comment ?

S'il n'est pas question ici de transformer votre salon en serre tropicale, quelques astuces existent pour augmenter l'humidité autour de vos plantes.

1. Vous pouvez simplement vaporiser les feuilles. Inutile de les tremper, l'idée est d'avoir une fine couche humide facilement absorbable par les feuilles et les éventuelles racines aériennes.
2. N'utilisez que de l'eau non calcaire pour éviter que les feuilles ne soient mouchetées de taches blanches !
3. Disposez des brumisateurs : il y a les brumisateurs électriques du commerce, bien sûr, mais il est aussi possible de mettre en place des installations « passives ».

Attention cependant, certaines plantes comme les cactus, les yuccas et les plantes grasses n'apprécient pas l'humidité ! Dans ce cas, je le mentionne sur les fiches plantes du chapitre « Les rock stars de nos intérieurs ».

Pour gagner du temps : les brumisateurs passifs

Si vous avez de nombreuses plantes, que vous êtes tête en l'air ou que vous ne souhaitez pas investir dans un brumisateur électrique, je vous propose deux méthodes très simples, efficaces et à moindre coût.

Option 1 : un brumisateur pour l'ensemble de la pièce. Vous pouvez dédier un contenant spécialement à l'humidification de la pièce : remplissez intégralement un cache-pot étanche de matériau de drainage. Fixez ensuite une moustiquaire sur le dessus, puis recouvrez de quelques galets décoratifs. Cela vous servira de réservoir d'eau sans que les bestioles puissent venir y jouer.

Option 2 : un brumisateur par plante. Il suffit de vous armer d'une soucoupe un peu plus grande et profonde que celle adaptée à votre pot. Ensuite, remplissez-la d'un matériau drainant : pouzzolane, billes d'argile, galets ou sable. Replacez votre pot dessus. Vous n'aurez plus qu'à la remplir d'eau au besoin ! Avec la chaleur, l'eau va s'évaporer en profitant directement aux parties aériennes de la plante, qui vont l'absorber. Hypersimple, non ?

LES ENGRAIS SONT-ILS INDISPENSABLES ?

En plus des processus de photosynthèse et de respiration que nous avons vus pages 16-17, l'absorption de sels minéraux complète les besoins fondamentaux des plantes. C'est là que l'engrais intervient !

Contexte

Dans nos intérieurs, les plantes sont **privées de l'écosystème dynamique** où elles trouvent normalement de quoi se nourrir, notamment grâce aux déjections animales et autres matières en décomposition tout aussi charmantes.

Il est donc nécessaire d'apporter de la **matière organique** (amendement) pour **nourrir le substrat et indirectement la plante à long terme** (je vous en dis plus page 20). L'**engrais**, lui, servira à **nourrir les plantes à court terme**. Il ne doit donc pas être vu comme un « petit plaisir » que l'on fait à sa plante, mais comme un **élément indispensable à son bon développement** au même titre que l'arrosage.

Zoom sur les sels minéraux, les fameux NPK

Les sels minéraux bénéfiques sont nombreux, mais quelle que soit votre plante, elle aura besoin des trois suivants :

- l'**azote** (N)
- le **phosphore** (P)
- le **potassium** (K)

Le schéma ci-contre vous permet de mieux comprendre les fonctions de chacun :

- Un engrais boosté en **azote** sera parfait pour les plantes d'intérieur **à feuillage vert**.
- Un engrais boosté en **phosphore** sera adapté pour les **jeunes plants** et les **boutures**.
- Un engrais boosté en **potassium** comblera une **plante à fleurs ou à fruits**.

Quel engrais choisir ?

Voici trois conseils pour s'y retrouver.

1. C'est grâce à cette formule **NPK** que vous pourrez décrypter le **pourcentage de chaque élément** dans la composition d'un engrais du commerce. Elle est toujours écrite sur l'étiquette : « NPK (15-8-12) », par exemple. Cela veut dire, concrètement, qu'il y a 15 doses d'azote pour 8 de phosphore et 12 de potassium.

2. En jardinerie, vous serez sûrement submergé par la quantité phénoménale d'engrais qui existe. Dans le doute, et si vous ne devez en acheter qu'un, optez simplement pour un **engrais équilibré** de type 10-10-10, avec un maximum de minéraux secondaires, comme le calcium et le fer.
3. Je vous conseille fortement de partir sur un **engrais biologique**. Certes, sa composition ressemblera sûrement à une potion de sorcière (crotte d'oiseau, sang séché et corne broyée), mais il aura l'avantage de valoriser des déchets naturels. On parle trop peu de l'imposante pollution que génèrent les engrais chimiques.

Points de vigilance

• **Ne dépassez jamais les dosages** indiqués sur l'étiquette de l'engrais et adaptez-les à l'espèce que vous allez nourrir. Personnellement, j'ai toujours trouvé les recommandations excessives, raison pour laquelle je divise par deux ou trois la fréquence de l'apport.

• **Ne donnez jamais d'engrais à une plante qui a soif** car vous risqueriez de la brûler. Arrosez-la d'abord pour bien hydrater les racines et le substrat, puis le lendemain, apportez-lui l'engrais. C'est une erreur que j'ai souvent vue et qui a causé de nombreux accidents !

DE L'ENGRAIS DANS LE FRIGO ?

Saviez-vous que, pour nourrir vos plantes et vos substrats au quotidien, vous pouviez valoriser quelques déchets issus de votre garde-manger ? De quoi compléter votre engrais « prêt à l'emploi » du commerce !

Le compostage

La façon la plus efficace, mais aussi la plus longue, de développer un bon engrais est d'avoir un **composteur**, un **lombricomposteur** ou un **bokashi** dans sa cuisine. Désormais, on trouve de petits formats qui s'intègrent facilement dans nos intérieurs et nos modes de vie modernes sans problème d'odeurs ou de design.

Au bout de quelques semaines ou quelques mois, selon la méthode choisie, vous obtenez un compost de qualité. Bien plus riche que du terreau issu du commerce, cet or noir vous permettra de nourrir vos plantes et d'amender votre substrat.

Autres méthodes

Si, pour une raison X ou Y, vous ne pouvez pas installer ce type de matériel, sachez que vous pouvez quand même recycler certains déchets du quotidien. Voici quelques exemples.

Coquilles d'œufs
Écrasez finement plusieurs coquilles et laissez-les infuser toute une nuit dans une bouteille d'eau. Le lendemain, filtrez, puis arrosez vos plantes. Attention, ne conservez pas cette préparation, au risque de faire évacuer votre immeuble à cause de l'odeur !
C'est un apport naturel en phosphore et en calcium.

Peaux de bananes
Coupez les peaux en tronçons, puis procédez comme pour l'œuf mais laissez macérer 48 heures.
C'est un apport naturel en phosphore, potasse, fer et magnésium.

Marc de café
Épandez directement le marc à la surface du pot et intégrez-le au substrat à l'aide d'une griffe pour les mélanger. Attention cependant à ne pas l'utiliser trop fréquemment, car c'est un acidifiant.
C'est un apport naturel en azote.

Eau de cuisson des légumes et du riz
Pommes de terre, artichauts ou encore riz... L'eau de cuisson est précieuse à condition qu'elle ne soit pas salée. Laissez simplement refroidir, puis arrosez !
C'est un apport naturel en potassium et autres minéraux.

Zoom sur le lombricomposteur

Personnellement, j'utilise un lombricomposteur qui me permet d'obtenir, en plus du compost, un « jus » ultraboosté en quelques jours. Je n'ai qu'à diluer cet engrais dans mon eau d'arrosage, et le résultat est très satisfaisant. Mes plantes adorent, et ma poubelle aussi !

Petites précisions

- Les produits utilisés doivent être issus de l'agriculture **biologique**. En effet, sans cela, vous risqueriez de vous retrouver avec un bain de **produits chimiques** plus néfastes qu'autre chose !
- Ces apports permettent de **nourrir ponctuellement** vos plantes avec un élément chimique seulement. Pour éviter les **carences** dans les autres nutriments nécessaires à leur équilibre, il est important de **varier** ces apports ou de les compléter avec un engrais « tout prêt », plus concentré.

FAIRE POUSSER SES DÉCHETS

Dans votre frigo se cache une multitude de plantes d'intérieur potentielles. Si, si, promis ! Inutile donc de mettre votre banquier en PLS pour adopter de nouveaux végétaux.

Lesquels ?

Certains **fruits et légumes** se sèment, se font germer ou se bouturent extrêmement facilement. Et avouons qu'ils sont plus **jolis et originaux** que les habituels germes de blé et autres lentilles ! Voici ceux que je vous conseille.

Avocat, mangue, litchi, longane, pêche
Plantez la graine pointe vers le haut directement en pot ou faites-la préalablement germer dans un milieu humide. Comme pour les lentilles de votre enfance, cela peut être un coton imbibé d'eau placé dans un bocal, par exemple. Pour une pousse plus rapide, vous pouvez enlever la peau ou la coque des noyaux durs.

Cacahuète, datte, fruit de la Passion, gombo, tamarin, pépins d'agrumes et noyaux divers
Plantez les graines dans un pot rempli de terreau tamisé et gardé humide (mais non détrempé !) jusqu'à germination.

Figue de Barbarie, pitaya
Déposez les graines sur un terreau bien drainé et régulièrement humidifié. Optez pour un pot en terre cuite.

Gingembre, curcuma
Oubliez-les dans un sac en papier jusqu'à apparition de germes, puis plantez-les dans un pot rempli de terreau humide mais non détrempé.

Patate douce
Placez la partie ronde dans un récipient d'eau, à demi immergée, maintenue par trois cure-dents si besoin.

Ananas
Récupérez la couronne et enlevez la chair du fruit ainsi que les feuilles du bas. Immergez partiellement l'ananas dans de l'eau. Plantez dès l'apparition de racines.

Chayotte
Plantez le fruit entier pointe vers le haut directement dans un pot rempli de terreau.

Mais encore ?

La plupart des **graines, pépins et noyaux** peuvent également se semer : citron, orange, pomme, grenade, pêche ou encore poivron pour ne citer qu'eux. Pour ce qui est de la récolte, il faudra cependant s'armer de patience avant d'avoir de nouveaux fruits ! De plus, ces arbres étant majoritairement **greffés**, vous n'aurez pas forcément les mêmes fruits que ceux d'origine. Mais, même s'ils sont plus petits, quelle satisfaction !

Il est également possible de faire **repousser des légumes** comme la salade ou le céleri en plongeant le trognon dans un verre d'eau, par exemple. Bien que vous soyez loin d'atteindre l'autosuffisance alimentaire, c'est toujours amusant à tenter ! Pour ce qui est des aromatiques, vous pouvez sans souci créer de **véritables plantes** qui vous serviront à cuisiner régulièrement. Je vous conseille de **bouturer** la menthe, la coriandre, le thym ou encore le romarin, qui donnent de bons résultats.

Avocat

Patate douce

Citron

Ananas

SORTEZ VOS PLUMEAUX !

Pour bien se développer, les plantes ont impérativement besoin de respirer et de « photosynthétiser ». Mais dans nos intérieurs, elles ont un ennemi de taille : la poussière !

Pourquoi ?

Afin d'assurer la photosynthèse, les chloroplastes (réservoirs-usines contenant la chlorophylle) doivent pouvoir absorber l'énergie lumineuse : impossible si une couche de poussière filtre les rayons du soleil. Vous l'aurez compris, le dépoussiérage des feuilles est donc **incontournable** dans l'entretien de nos petites protégées. Alors, on prend son courage à deux mains !

Comment ?

Tout d'abord, armez-vous d'un **chiffon type microfibre** pour ne pas abîmer la surface des feuilles. Trempez-le dans de **l'eau non calcaire** (idéalement de l'eau de pluie ou de source) et essuyez délicatement les feuilles une à une. J'insiste sur l'absence de calcaire, car il laisserait fatalement des traces blanchâtres un peu partout. N'oubliez pas d'essuyer également le revers du feuillage afin d'éviter que les stomates ne se bouchent. Cette méthode convient à toutes les plantes, même celles dont les feuilles craignent l'eau : la quantité d'eau est infime et s'évaporera vite.

Ajoutez quelques gouttes de bière dans votre eau pour donner un effet brillant aux feuilles. Attention cependant à ne pas transformer la session ménage en apéro !

Bientôt propre
comme un sou neuf !

PARLONS SEXE !

Vous vous demandez sûrement où je veux en venir, mais qui dit fleur, dit multiplication des plantes et donc reproduction. N'oublions pas qu'une fleur n'est ni plus ni moins que le sexe d'une plante… Vous y penserez la prochaine fois que vous l'admirerez !

Point botanique

L'une des façons les plus simples de multiplier une plante consiste à lui faire faire des graines grâce à la floraison. La plupart des plantes possèdent un organe reproducteur mâle et un organe femelle au même endroit : la fleur. Vous voyez rarement ces fleurs car elles sont insignifiantes, c'est-à-dire petites et discrètes.

D'autres, au contraire, ont su produire au fil de l'évolution de véritables trésors pour appâter les pollinisateurs (insectes, oiseaux, chauves-souris, etc.). Le problème est que, dans nos intérieurs, nous n'avons pas ces précieux auxiliaires. Il faudra donc vous coiffer de vos plus belles antennes et **pratiquer vous-même la fécondation** !

Les fleurs discrètes du piléa passent souvent inaperçues.

Le papillon flambeau ne résiste pas aux fleurs de l'alpinia !

Vous pouvez vous amuser à créer de nouveaux hybrides en croisant les couleurs !

Pensez à conserver vos graines dans un sachet en papier, dans un endroit frais et sec.

Féconder une plante

Pour reproduire une plante, vous pouvez donc la polliniser vous-même. Il est conseillé de posséder deux spécimens ou de croiser votre plante avec celle d'un proche. Procédez comme ceci :

1. Récupérez la partie mâle (le pollen sur les étamines) à l'aide d'un pinceau ou d'un Coton-Tige.
2. Déposez-la sur la partie femelle (le pistil) en frottant délicatement.
3. Maintenant, il n'y a plus qu'à attendre que la magie opère !

Mère Nature est capricieuse

Nombreuses sont les plantes qui sont stériles à force de croisements ou qui ont besoin de conditions de culture particulières pour pouvoir fleurir. Il en va de même pour les graines, qui ne sont pas toujours faciles à faire germer « en amateur ». Si vos expérimentations ne portent pas leurs fruits, pas de panique ! Il existe bien d'autres façons de multiplier vos plantes : le bouturage et la division. Voyons cela dans les pages qui suivent.

MULTIPLIER SES PLANTES

Pour agrandir votre collection, vous serez sûrement tenté de bouturer vos plantes. Cette opération peut paraître complexe au début, et pourtant, rien n'est plus facile ! Ne vous arrêtez pas à un échec si cela ne fonctionne pas du premier coup. Il suffit parfois simplement de changer de méthode. Voici les principales.

Le bouturage dans l'eau

C'est la plus simple et sûrement la plus efficace des techniques !

1. Coupez un tronçon de tige sous un nœud, en laissant deux ou trois feuilles.
2. Retirez la dernière pour éviter que les feuilles ne soient en contact avec l'eau.
3. Plongez la tige en immergeant au moins un nœud.
4. Placez l'ensemble dans un endroit lumineux mais sans soleil direct.

Utilisez de l'eau non calcaire (de pluie ou de source), à température ambiante. N'hésitez pas à mettre quelques gouttes de stimulateur racinaire biologique si vous en avez.

Marche très bien avec : les plantes qui possèdent des racines aériennes comme *Epipremnum aureum* (pothos) ou *Monstera deliciosa*.

Le bouturage en substrat

1. Coupez un tronçon de la même façon que pour le bouturage en eau.
2. Mettez-le directement dans un pot rempli de substrat. Je vous conseille d'utiliser un terreau « standard » dont vous aurez enlevé les éléments les plus grossiers (écorces, fibres).
3. N'hésitez pas à ajouter du sable ou de la perlite en mélange au terreau afin d'alléger le substrat et le rendre très « fluide ».

Si les feuilles sont grandes, coupez-les en deux ! Cela évitera que la plante ne se déshydrate trop vite lors de la respiration. Soyez également régulier dans l'arrosage : le substrat ne doit jamais sécher complètement.

Marche très bien avec : les végétaux ligneux (c'est-à-dire qui ont du bois) comme *Ficus elastica* (caoutchouc) ou *Dracaena marginata*.

C'est le petit nom donné à la cicatrice qui se forme !

Le bouturage avec cal

Cette technique permet d'éviter le pourrissement des boutures.

1. Coupez un tronçon de tige ou de feuille.
2. Laissez sécher plusieurs jours à plusieurs semaines pour qu'une cicatrice se forme.
3. Placez ensuite votre bouture dans un pot avec un substrat bien aéré.

Laissez sécher le morceau de végétal dans un endroit bien sec et à l'abri de la lumière. Résistez à la tentation de le mettre dans l'eau, même s'il devient tout mou du genou !

Marche très bien avec : les plantes charnues, comme les cactus et les plantes grasses, et celles qui font des réserves d'eau comme *Euphorbia erythrea* (cactus cierge) ou *Zamioculcas zamiifolia* (plante ZZ).

Le bouturage de feuille

Plus étonnant, certains végétaux ont la capacité de se cloner à partir d'une simple feuille !

- Pour certaines plantes à feuilles « dodues » : il suffit de les déposer sur votre substrat, sans les planter, sinon elles pourriraient.
- Pour certaines plantes ayant une nervure principale visible : il suffira d'inciser cette dernière en plusieurs endroits avant de la plaquer fermement contre le terreau.

Ne détrempez pas votre substrat, car la plupart de ces végétaux font déjà des réserves d'eau dans leurs feuilles. Une fois que la nouvelle plante aura poussé, vous verrez la feuille se dessécher et mourir : c'est son destin !

Marche très bien avec : les plantes grasses comme *Echeveria elegans* et celles ayant de belles nervures, bien marquées, par exemple *Begonia rex*.

Le marcottage

Cette technique au nom barbare est en réalité assez simple. L'idée est de coucher la tige d'une plante et de la maintenir en contact avec le terreau afin qu'elle forme des racines. Après quelques semaines, on peut séparer cette nouvelle plantule du pied-mère et la repiquer dans un nouveau pot.

Adapté pour : *Ficus pumila* (figuier rampant) ou *Chlorophytum* (plante araignée).

La division des rejets

Certains végétaux vont créer à leur base un « bébé plante » que l'on appelle « rejet ». Lorsque celui-ci est assez grand (personnellement, j'attends d'avoir au moins trois ou quatre feuilles), vous pouvez le séparer du pied-mère. Pour cela, tranchez net les racines qui les relient et repiquez votre rejet dans un nouveau pot.

Adapté pour : *Pilea peperomioides* et *Musa basjoo* (bananier).

La division des touffes

Lors du rempotage, si votre plante s'est bien développée au niveau racinaire, vous pouvez couper cette masse en plusieurs morceaux. Assurez-vous d'avoir toujours plusieurs départs (tiges et feuilles) et des racines pour chaque tronçon. Ensuite, replantez aussitôt.

Adapté pour : *Spathiphyllum* (fleur de lune) et *Calathea*.

Le semis

Ou comment faire germer la petite graine ! Le semis est la façon la plus naturelle de reproduire une plante et, pourtant, on pourrait y consacrer un livre entier !

FABRIQUER UNE STATION DE BOUTURAGE DE RÉCUP

Pas besoin d'avoir un matériel de professionnel pour réaliser des boutures. Si certaines stations sont de véritables objets de décoration, sachez que vous pouvez également en fabriquer très simplement avec de la récup : pot de yaourt, bocal de haricots ou encore bouteille coupée en deux. Voici donc deux idées de stations faites maison que vous pourrez réaliser en quelques minutes.

1. La méthode la plus simple : les bocaux en verre

Pour fabriquer la plus simple des stations de bouturage, il vous suffit d'un **bocal** en verre (mais un pot de yaourt fait également l'affaire), d'un **filet alimentaire** (ceux utilisés pour les oignons ou les pommes de terre) et d'un morceau de **ficelle** (ou un élastique).

1. Couvrez le bocal avec le filet et fixez-le avec la ficelle.
2. Vous pouvez ainsi « piquer » vos boutures en évitant qu'elles ne tombent au fond du récipient.
3. Lorsque les racines sont formées, vous pouvez retirer le filet et l'envoyer au recyclage. Vous n'aurez plus qu'à le remplacer pour réaliser de nouvelles boutures !

2. La méthode la plus pratique : les bouteilles en plastique

Vous aurez besoin d'un **cadre en bois** (ou de tasseaux), de **bouteilles jetables** (en plastique ou aluminium), d'une **agrafeuse murale** et d'une **cordelette**.

1. Pour cette station, j'ai fabriqué le cadre à l'aide de tasseaux que j'ai simplement agrafés aux angles.
2. Après avoir passé une couche d'acrylique, j'ai agrafé des bouteilles coupées en deux puis la cordelette pour suspendre et... c'est tout !
3. L'avantage des bouteilles est que l'on peut changer l'eau régulièrement en dévissant simplement le bouchon.

1. Les bocaux en verre

2. Les bouteilles jetables

FABRIQUER UN TUTEUR

Si vous voulez bichonner votre plante grimpante, je vous conseille de ne surtout pas négliger le tuteur. N'oublions pas que ses racines aériennes et ses tiges ont besoin d'une certaine humidité et, pour cela, un simple morceau de bois ne suffit pas.

Il y a tuteur et tuteur

Il existe déjà de nombreux tutos apprenant à fabriquer son propre tuteur avec du grillage fin en métal (très onéreux) ou en plastique (bof) maintenu avec des colliers de serrage. Outre la question des matériaux, je ne suis pas très fan du système car l'humidité disparaît très rapidement.

Je vous propose donc ma méthode de fabrication, qui me semble bien plus efficiente. Elle est certainement perfectible, alors n'hésitez pas à faire vos propres essais !

Le matériel

Il vous faut :

- des **fibres végétales** (type coco)
- des **écorces** (type pin)
- de la **ficelle naturelle**
- du **géotextile** ou une **natte biodégradable**
- du **bambou** ou une **canne de Provence**

La fabrication

1. Étalez le morceau de géotextile sur la hauteur que vous souhaitez pour le tuteur.
2. Placez une première couche de fibres végétales puis l'écorce par-dessus.
3. Positionnez le bambou en laissant quelques centimètres libres pour pouvoir le planter.
4. Roulez délicatement le géotextile autour du bambou en gardant le mélange homogène.
5. Avec la ficelle, saucissonnez fermement le géotextile sur la partie basse, en faisant un double nœud à l'extrémité. Les éléments à l'intérieur ne doivent pas bouger.
6. Ficelez ensuite la partie haute en laissant un peu de mou : c'est par-là que vous verserez l'eau d'arrosage.

Faites quelques petits trous dans le géotextile si la plante possède des racines aériennes. Cela lui permettra de les plonger ponctuellement à l'intérieur du tuteur. Sinon, elle se calera naturellement contre la fibre et la ficelle.

Tadam !

ET SI ON SE PASSAIT DE POT ?

Vous avez sûrement déjà entendu parler d'hydroponie, d'hydroculture ou même d'aquaponie. Ces termes savants peuvent donner l'impression de pratiques complexes hors de portée des débutants, mais détrompez-vous ! Certains néo-jardiniers ne jurent que par ces méthodes de culture, car elles sont en réalité très simples à mettre en œuvre.

Hydroponie… quèsaco ?

En gros, l'idée consiste à remplacer le **substrat terreux** de notre plante par de l'**eau** (comme pour les boutures) ou bien par des **éléments minéraux** (telles les billes d'argile) plongés partiellement dans de l'eau.

Monstera, *Epipremnum*, *Philodendron* ou encore certains *Dracaena* sont, par exemple, tout à fait capables de survivre sans terreau, à condition qu'on leur apporte régulièrement de quoi se nourrir avec des bains d'engrais.

Pour quoi faire ?

Si vous avez du mal à gérer le **taux d'humidité** et l'**arrosage** de certaines plantes gourmandes en eau, un pot hydroponique est peut-être la **solution**. Personnellement, je m'en sers pour mes orchidées et le résultat est sans appel : elles n'ont jamais été aussi bien ! Il existe des systèmes aquaponiques et hydroponiques dans le commerce, mais vous pouvez également en fabriquer un très simple pour commencer. En page de droite, je vous explique comment faire !

Bon à savoir

Il n'est pas utile de renouveler l'eau, rajoutez-en seulement lorsque c'est nécessaire. Il est primordial que les racines ne soient pas en contact avec l'eau.

Les rock stars DE NOS INTÉRIEURS

Ce troisième chapitre est dédié aux célébrités qui peuplent le plus nos intérieurs. Je les ai sélectionnées pour leur succès, mais également pour leur facilité d'entretien. Vous trouverez forcément parmi elles la ou les élues de votre cœur !

Je suis
Calathea orbifolia !

CALATHEA SPP.

Le genre Calathea compte plus d'une cinquantaine d'espèces et plusieurs centaines de variétés. Très prisée pour ses feuilles au graphisme exceptionnel, la calathéa nécessite néanmoins un entretien régulier pour garder toute sa beauté.

NOM VERNACULAIRE	FAMILLE	ORIGINE
calathéa	*Marantacées*	*Amérique du Sud et Amérique centrale*

Taille : de 10 cm à 1 m selon les espèces.
Floraison : la plupart produisent des fleurs insignifiantes, mais il existe des exceptions comme *Calathea crocata*, à la floraison remarquable.
Exposition : modérément lumineuse mais sans soleil direct au risque de brûler son feuillage. Elle supporte les intérieurs sombres.
Arrosage : copieux et régulier.
Engrais : tous les mois du printemps à l'été, puis tous les deux mois.
Rempotage : au besoin, tous les deux ou trois ans lorsqu'elle est à l'étroit.
Multiplication : par division des touffes. Profitez d'un rempotage pour le faire.
Soins particuliers : elle apprécie tout particulièrement les atmosphères humides. Sans cela, ses feuilles s'abîment très rapidement (pointes sèches) et s'enroulent sur elles-mêmes.

Les secrets d'une coloc réussie !

Nettoyez-la et vaporisez-la régulièrement pour entretenir son feuillage et préserver l'intensité de ses couleurs. N'hésitez pas à placer un brumisateur à proximité.

Le saviez-vous ?

Calathéa, ctenanthe et maranta sont toutes trois des Marantacées aux couleurs et aux graphismes incomparables. Le célèbre architecte-paysagiste Roberto Burle Marx, véritable amoureux de cette famille botanique, a d'ailleurs donné son nom à l'une d'entre elles. Il concevait ses jardins comme des tableaux, qu'il peignait en pensant aux formes et aux couleurs que pourraient offrir ces belles Marantacées.

Les rock stars de nos intérieurs

CHLOROPHYTUM COMOSUM

De taille modérée, simple d'entretien et original, le chlorophytum saura vous séduire avec ses rameaux retombant en cascade. Idéal pour les débutants !

NOMS VERNACULAIRES	FAMILLE	ORIGINE
plante araignée, phalangère, chlorophyton chevelu	*Liliacées*	*forêts tropicales sud-africaines*

Taille : environ 50 cm en tous sens.
Floraison : petites fleurs blanches sur les stolons, en été.
Exposition : lumière modérée, sans soleil direct. Supporte les intérieurs sombres.
Arrosage : en quantités modérées, environ une fois par semaine en été et une fois par mois en hiver.
Engrais : une fois par mois en été et une fois tous les deux ou trois mois à l'automne et au printemps. Stoppez complètement en hiver.
Rempotage : dès que les racines sont à l'étroit. Surveillez-les régulièrement car elles sont charnues et ont besoin de place.
Multiplication : par division des touffes, bouturage des stolons et marcottage.
Soins particuliers : faites très attention aux excès d'eau qui pourraient lui être fatals à cause de ses tubercules qui se gorgent d'eau.

Les secrets d'une coloc réussie !

Au fur et à mesure de sa croissance, vous verrez apparaître de longues tiges fines (stolons) qui portent de jeunes pousses et retombent gracieusement. Vous pouvez les couper et les mettre dans de l'eau ou directement en pot (pensez à les maintenir droits) pour multiplier facilement votre plante !

Zoom sur : le tubercule

Tout comme la carotte ou le navet, le chlorophytum possède des tubercules. Ce sont des racines modifiées, capables de stocker des réserves pour la plante. Dans le cas qui nous intéresse, c'est de l'eau qui est stockée pour faire face à de potentielles périodes de sécheresse. Véritable atout pour la survie de la plante (et pour les plus têtes en l'air d'entre nous), il est néanmoins nécessaire de faire attention. En cas d'excès d'arrosage répétés, les racines ne pourront plus stocker d'eau supplémentaire ; elles finiront par pourrir, et donc faire mourir la plante.

Les rock stars de nos intérieurs

CRASSULA OVATA

Une magnifique plante qui supportera la sécheresse et le soleil.

NOMS VERNACULAIRES
arbre de Jade, crassule ovale

FAMILLE
Crassulacées

ORIGINE
sud de l'Afrique

Taille : 1 m en tous sens.
Floraison : jolies petites fleurs blanc rosé en hiver.
Exposition : elle s'épanouit au soleil direct mais supporte une situation de mi-ombre à très lumineuse.
Arrosage : modéré. Elle redoute les substrats humides. Arrosez environ tous les deux mois en hiver et toutes les deux semaines en période chaude.
Engrais : aucun ! Elle aime les sols pauvres.
Rempotage : rare, dès que la plante est à l'étroit. Préparez un substrat bien drainé, riche en sable et en éléments grossiers.
Multiplication : par bouturage des feuilles directement posées sur le substrat ou par repiquage de tiges après séchage.
Soins particuliers : n'hésitez pas à la sortir lorsque les températures sont clémentes.

Les secrets d'une coloc réussie !

Les feuilles sont de véritables réservoirs à eau. Elle supportera donc de longues périodes sans arrosage !

Zoom sur : la totipotence

C'est un nom un peu barbare pour désigner la capacité de certaines cellules végétales à se transformer en ce dont la plante a besoin. Un peu comme si on pouvait se faire repousser un doigt ! C'est une véritable prouesse de la nature qui nous permet de cloner la crassula à partir d'une simple feuille. Il suffit de couper une feuille et de la laisser sécher sur le substrat sec pour qu'une rosette se forme à sa base et que le clone de la plante apparaisse en quelques semaines, comme par magie !

Les rock stars de nos intérieurs

DRACAENA SANDERIANA

À la fois porte-bonheur et objet déco, le lucky bamboo n'a en réalité, rien d'un bambou ! Il s'agit d'une bouture de dracaena dont la croissance est dirigée pour donner les formes graphiques qu'on lui connaît.

NOMS VERNACULAIRES	FAMILLE	ORIGINE
lucky bamboo, canne de la chance	*Asparagacées*	*Afrique tropicale*

Taille : 50 x 10 cm environ dans les formes qu'on lui connaît, mais plus dans son port naturel.
Floraison : absente sous nos climats.
Exposition : lumineuse mais sans soleil direct.
Arrosage : régulier et modéré. Un terreau détrempé abîmera vite le feuillage.
Engrais : équilibré, tous les deux mois environ.
Rempotage : au besoin, tous les deux ans environ. Pensez à changer de tuteur en même temps !
Multiplication : c'est une des plantes les plus simples à bouturer dans l'eau ! Avec une ou deux feuilles et des racines aériennes, la manœuvre est quasiment inratable. Pensez à changer l'eau régulièrement.
Soins particuliers : si votre intérieur est trop sombre, les lianes risquent de s'étioler.

Les secrets d'une coloc réussie !

Vous pouvez tout à fait transvaser votre dracaena d'un contenant d'eau vers un pot avec de la terre afin qu'il se développe « vraiment ». Une fois qu'il est rempoté, ne vous inquiétez pas s'il met un peu de temps à repartir. Après plusieurs mois dans l'eau, il va forcément subir un petit coup de bambou en s'acclimatant à son nouvel environnement.

Zoom sur : les plantes porte-bonheur

En Asie, de nombreuses plantes d'intérieur comme le lucky bamboo, les bonsaïs ou encore le pachira sont tressées ou dirigées de façon très graphique. Cette conduite artificielle revêt un caractère superstitieux et spirituel.
Pour le lucky bamboo, par exemple, si l'on offre trois, quatre, cinq ou sept pieds, cela voudra dire des choses très différentes : chance, amour, mort ou fortune ! C'est un cadeau très prisé, mais attention à la signification !

Les rock stars de nos intérieurs

EPIPREMNUM AUREUM

Epipremnum, plus connu sous le nom de « pothos », est très présent dans nos intérieurs, notamment sous forme de suspension. Facile à entretenir, il saura vous surprendre si vous lui offrez de bonnes conditions de culture !

NOMS VERNACULAIRES

pothos doré, scindapsus, lierre du diable

FAMILLE

Aracées

ORIGINE

Asie du Sud-Est, Polynésie

Taille : ses lianes peuvent rapidement atteindre plusieurs mètres de longueur.
Floraison : absente sous nos climats
Exposition : plus elle sera lumineuse, plus votre *Epipremnum* produira de grandes et vigoureuses feuilles. Les sujets âgés tolèrent un peu de soleil direct aux heures les moins chaudes.
Arrosage : dès que le terreau est sec sur les premiers centimètres.
Engrais : tous les mois, sauf en hiver.
Rempotage : dès que nécessaire, tous les ans s'il est en pleine croissance. Profitez-en pour adapter ou changer le tuteur si besoin.
Multiplication : prélevez un nœud avec deux feuilles (et idéalement une racine aérienne au minimum) et bouturez dans de l'eau ou en pot.
Soins particuliers : il apprécie tout particulièrement les atmosphères humides. On procédera dès que possible à des brumisations.

Les secrets d'une coloc réussie !

On a tendance à le voir retombant. Pourtant, si vous le tuteurez, vous le verrez rapidement se métamorphoser ! Ses feuilles et ses tiges deviendront de plus en plus grandes et la croissance sera très rapide.

Transformez votre intérieur en jungle urbaine !

Grâce à son développement rapide et à sa facilité de bouturage, un seul pothos pourra facilement couvrir plusieurs mètres carrés de mur. Guidez-le avec des liens en cordelette pour former de véritables guirlandes végétales. En quelques mois, vous pourrez végétaliser votre intérieur à vitesse grand V à partir d'une seule plante !

Je suis une
variété panachée !

FICUS ELASTICA

Avec ses grandes feuilles lustrées aux reflets rougeâtres, le ficus caoutchouc est une belle plante qui demande peu d'entretien. S'il existe une multitude d'espèces et de variétés de ficus, celle-ci est, pour moi, une des plus simples à cultiver !

NOMS VERNACULAIRES	FAMILLE	ORIGINE
figuier caoutchouc, ficus caoutchouc	*Moracées*	*Asie*

Taille : 2 m x 80 cm (bien qu'il soit un véritable arbre de plusieurs dizaines de mètres dans son habitat naturel).
Floraison : absente tant qu'il n'est pas adulte (et donc géant).
Exposition : lumineuse mais sans soleil direct. Ses feuilles prennent facilement des coups de soleil !
Arrosage : une fois par semaine en été et une fois toutes les deux ou trois semaines en hiver. Laissez sécher le terreau en surface entre deux arrosages.
Engrais : régulier, environ une fois par mois en période de croissance.
Rempotage : tous les un ou deux ans selon ses besoins.
Multiplication : par bouturage ou marcottage.
Soins particuliers : pour garder de belles feuilles bien brillantes, pensez à le dépoussiérer régulièrement. N'hésitez pas non plus à le brumiser.

Les secrets d'une coloc réussie !

Les jeunes feuilles se développent dans un tube rougeâtre (comme certains philodendrons), ce qui lui donne une belle allure. N'y touchez pas, il tombera tout seul lorsque les feuilles seront assez grandes !

Zoom sur : le latex

Comme la plupart des autres figuiers, le caoutchouc produit, en cas d'agression mécanique, une substance blanche appelée « latex ». Cet antimicrobien naturel sert de système de défense à la plante grâce à ses propriétés cicatrisantes et... toxiques envers l'agresseur ! Lorsque vous taillez votre caoutchouc, il est donc important de porter des gants pour éviter le contact avec ce suc irritant. Soyez également vigilant si vous avez de jeunes enfants ou des tigres d'appartement.

HOWEA FORSTERIANA

Howea, plus connu sous le nom de « kentia », est un petit palmier qui apportera une touche d'exotisme à votre intérieur. S'il peut dépasser les 10 m dans des climats favorables, il garde des dimensions plus modestes dans nos contrées.

NOM VERNACULAIRE	FAMILLE	ORIGINE
kentia	*Arécacées*	*Australie*

Taille : 2,50 m en tous sens.
Floraison : rarissime sous nos climats.
Exposition : la plus lumineuse possible, au risque de le voir végéter ou péricliter. Les sujets âgés apprécieront un peu de soleil direct.
Arrosage : il doit être régulier pour ne pas laisser le substrat sécher intégralement. Attention cependant à l'eau stagnante, qui pourrait lui être fatale.
Engrais : apports mensuels, de préférence riches en azote pour développer de belles et grandes feuilles.
Rempotage : au besoin, dans un substrat bien drainé et acide.
Multiplication : par semis uniquement. La germination demandant des conditions assez strictes, je vous conseille d'opter pour une plante déjà en pot.
Soins particuliers : si la température descend en dessous de 15 °C, il commencera à souffrir. Choisissez donc un emplacement qui ne soit pas trop frais l'hiver et à l'abri des courants d'air.

Les secrets d'une coloc réussie !

Vaporisez régulièrement ses feuilles pour éviter leur dessèchement et l'apparition de ravageurs comme les araignées rouges. Mais attention au calcaire, qu'il redoute particulièrement !

Le saviez-vous ?

De très nombreux palmiers, comme le célèbre raphia, servent un peu partout dans le monde comme matériau de tissage. Feuilles, stipes ou racines, l'Homme a su mettre à l'honneur depuis des millénaires ces ressources naturelles en les valorisant grâce à l'artisanat d'art.

Les rock stars de nos intérieurs

KALANCHOE BLOSSFELDIANA

Encore une plante parfaite pour les têtes en l'air de l'arrosage ! Facile à entretenir, bouturer et faire fleurir, le kalanchoé a tout pour lui. Blanc, jaune, rose, rouge ou orange, le plus difficile sera de choisir le coloris de ses fleurs !

NOM VERNACULAIRE
kalanchoé de Blossfeld

FAMILLE
Crassulacées

ORIGINE
Amérique du Sud

Taille : 40 x 30 cm environ.
Floraison : elle a lieu naturellement en hiver, lorsque les jours raccourcissent.
Exposition : forte luminosité à soleil direct.
Arrosage : faible. Laissez bien sécher le substrat entre deux arrosages.
Engrais : tous les deux ou trois mois.
Rempotage : si nécessaire (trop à l'étroit) dans un substrat léger et drainé.
Multiplication : simple, par bouture de tige ou semis à chaud.
Soins particuliers : c'est une plante facilement sujette à la cochenille farineuse. Soyez donc vigilant dès les premiers signes d'infestation, en traitant sans tarder (rendez-vous page 138). Prévenez également leur apparition en évitant d'avoir une atmosphère humide autour de la plante.

Les secrets d'une coloc réussie !

Ses feuilles épaisses ont la particularité de stocker l'eau. Il est donc important de l'arroser avec parcimonie pour éviter tout pourrissement. Il supportera bien plus facilement les coups de chaud et la sécheresse.

Zoom sur : les plantes bariolées

À paillettes, peintes ou avec de fausses fleurs, ces plantes sont légion en jardinerie à l'approche des fêtes de fin d'année. Les kalanchoés en sont souvent les victimes, car un végétal a besoin de toute la surface disponible de ses feuilles pour faire sa photosynthèse. Or ce type de recouvrement ne favorise pas son bon développement. Alors, laissez ces exubérantes et optez plutôt pour une plante au naturel !

Les rock stars de nos intérieurs

PHALAENOPSIS SPP.

La famille des orchidées regroupe plus de 25 000 espèces différentes dont certaines poussent à l'état sauvage en France. Ici, on parlera du genre *Phalaenopsis*, qui est le plus communément répandu dans nos jardineries.

NOM VERNACULAIRE	FAMILLE	ORIGINE
orchidée papillon	*Orchidacées*	*Asie du Sud*

Taille : 20 x 40 cm (sans les fleurs).
Floraison : une à trois fois par an, sur une ou plusieurs hampes florales.
Exposition : forte luminosité, derrière un voilage ou au nord. Un soleil direct peut être toléré quelques minutes par jour aux heures les moins chaudes pour les sujets acclimatés.
Arrosage : bassinage d'une trentaine de minutes avec de l'eau tiède non calcaire. Reportez-vous au zoom pour la fréquence !
Engrais : une fois par mois en dilution dans l'eau du bain. Rincez les racines ensuite.
Rempotage : lorsque les racines sortent majoritairement du pot.
Multiplication : prélèvement des keïkis (jeunes plants sur les hampes florales) dès qu'ils ont deux à trois racines et des feuilles, puis repiquage dans un terreau spécial orchidées.
Soins particuliers : elle nécessite une bonne humidité ambiante. N'hésitez pas à brumiser les feuilles régulièrement à condition de ne pas laisser d'eau stagnante au cœur. Cette orchidée a besoin d'une température constante minimale d'environ 20 °C pour bien s'épanouir.

Les secrets d'une coloc réussie !

C'est une plante épiphyte (je vous explique de quoi il s'agit page 101). Son substrat devra donc être constitué d'éléments grossiers (écorces de pin et fibres végétales mais sans terreau). Ses racines devant être au contact de la lumière, l'utilisation d'un pot transparent est fortement recommandée.

Zoom sur : le velamen

Pour savoir exactement quand arroser son orchidée papillon, rien de plus simple ! Il faut se fier au velamen, la membrane blanchâtre qui recouvre les racines. Lorsque celles-ci ont « soif », elles se rétractent et le velamen blanc devient bien visible. *A contrario*, lorsque les racines sont bien hydratées, elles sont gonflées et apparaissent d'un vert vif. Il suffit donc d'observer leur couleur pour savoir quand arroser !

PHILODENDRON SPP.

Le genre *Philodendron* comprend un grand nombre de variétés dont la plupart sont grimpantes. Il y en a pour tous les goûts grâce à la grande diversité de formes et de couleurs de feuillages.

NOM VERNACULAIRE	FAMILLE	ORIGINE
philodendron	*Aracées*	*Amérique centrale, Amérique du Sud, Asie*

Taille : d'une dizaine de centimètres à plusieurs mètres !
Floraison : insignifiante et rare sous nos latitudes.
Exposition : forte luminosité mais sans soleil direct. La plupart des philodendrons poussent sous la canopée.
Arrosage : copieux lors de la croissance. Laissez sécher légèrement le terreau entre deux arrosages.
Engrais : apports réguliers, tous les mois. La plante en a besoin pour bien se développer.
Rempotage : au besoin, tous les ans pour certaines espèces.
Multiplication : bouturage de tige dans de l'eau ou en substrat, assez facile à réaliser.
Soins particuliers : brumisez régulièrement le feuillage pour avoir une plante en pleine santé et éviter les attaques de thrips ou d'araignées rouges. Si cela arrive, je vous invite à lire les pages 135 et 140.

Les secrets d'une coloc réussie !

Les variétés grimpantes apprécieront la présence d'un tuteur que vous pourrez humidifier (retrouvez un tuto page 66).

Le saviez-vous ?

Certains philodendrons, dans de bonnes conditions, peuvent pousser de plusieurs centimètres par jour. Mais ce n'est rien comparé à quelques autres plantes qui se partagent la palme d'or ! La lentille d'eau est capable de doubler de taille en 24 heures tandis que le bambou géant peut dépasser les 20 m de hauteur en à peine plus d'un mois !

Mon feuillage
peut aussi être
panaché de blanc crème.

MONSTERA DELICIOSA

Une des plantes les plus belles et les plus simples à avoir chez soi, à condition de disposer de suffisamment de place !

NOMS VERNACULAIRES	FAMILLE	ORIGINE
faux philodendron, plante gruyère	*Aracées*	*Amérique du Sud*

Taille : 2 m (minimum) de haut x 1 m de large au moins.
Floraison : absente sous nos climats.
Exposition : très forte luminosité sans soleil direct. Elle acceptera et appréciera quelques minutes de soleil direct le matin (après acclimatation).
Arrosage : dès que le terreau est sec sur les premiers centimètres.
Engrais : tous les mois, sauf en hiver.
Rempotage : dès que nécessaire, tous les ans si elle est en pleine croissance. Profitez-en pour adapter ou changer le tuteur si besoin.
Multiplication : prélevez un nœud avec deux feuilles (et idéalement une racine aérienne au minimum) et bouturez dans de l'eau ou en pot.
Soins particuliers : elle apprécie tout particulièrement les atmosphères humides. On procédera dès que possible à des brumisations.

Les secrets d'une coloc réussie !

Lorsque vous achetez un sujet jeune, les feuilles sont petites et pleines. C'est en grandissant et surtout grâce à une forte luminosité qu'elles grandissent et se découpent. Elles peuvent largement dépasser les 90 cm, donc prévoyez un bel espace ! Pensez impérativement à installer un tuteur pour votre *Monstera*, c'est le secret pour avoir une belle et grande plante !

Zoom sur : les racines aériennes

À mesure que la plante se développera, vous verrez très vite des racines aériennes sortir du pot : c'est tout à fait normal ! Dans son habitat naturel, ses racines atteignent facilement les 15 m, formant un véritable rideau de lianes. Rassurez-vous, en intérieur, *Monstera* aura des proportions beaucoup plus modestes, comme c'est le cas sur la photo !
Ces racines aériennes servent à capter l'humidité, donc laissez-les vivre leur vie en dehors du pot. Si certaines vous gênent vraiment ou sont abîmées, vous pouvez éventuellement les couper.

Les rock stars de nos intérieurs

PILEA PEPEROMIOIDES

Ces dernières années, le piléa est devenu un incontournable de nos intérieurs. Très résistant et de taille modérée, il saura vous séduire si vous débutez !

NOMS VERNACULAIRES	FAMILLE	ORIGINE
plante à monnaie chinoise, plante missionnaire	*Urticacées*	*Chine*

Taille : 50 x 30 cm environ.
Floraison : inflorescence discrète blanc-rosé.
Exposition : très lumineuse mais sans soleil direct.
Arrosage : une fois par semaine en été et une fois par mois en hiver.
Engrais : apport modéré tous les deux à trois mois, riche en azote.
Rempotage : tous les deux à trois ans dans un substrat bien drainé et léger.
Multiplication : division des rejets que l'on bouturera en eau ou directement en pot.
Soins particuliers : la plante est très frileuse, veillez à ne pas la laisser dans une pièce qui descend sous les 15 °C.

Les secrets d'une coloc réussie !

Pour garder un port homogène et équilibré, tournez le pot d'un quart de tour toutes les semaines ! Cela évitera d'avoir une plante dont toutes les feuilles pointent dans la même direction.

Zoom sur : la toxicité

Le piléa est l'une des rares plantes d'intérieur à être *pet friendly*. En effet, contrairement à la majorité des rock stars que nous avons vues, cette plante n'est pas toxique. N'oubliez pas de toujours vous renseigner si vous avez un tigre d'appartement, car les intoxications sont beaucoup plus courantes qu'on ne le croit !

Je suis la variété
'Laurentii' !

SANSEVIERIA TRIFASCIATA

Graphique, robuste et facile d'entretien, c'est la plante parfaite pour ceux qui ont tendance à oublier d'arroser. Sa lenteur de croissance conviendra également aux petits espaces.

NOMS VERNACULAIRES	FAMILLE	ORIGINE
langue de belle-mère, plante serpent	*Asparagacées*	*Afrique*

Taille : 1,20 m de haut pour quelques dizaines de centimètres de large.
Floraison : longues inflorescences de petites fleurs blanches en été.
Exposition : très forte luminosité avec éventuellement un peu de soleil direct.
Arrosage : en petite quantité. Laissez sécher le substrat intégralement entre deux arrosages.
Engrais : besoins faibles, environ tous les trois mois.
Rempotage : lorsque les rejets ont colonisé toute la surface du pot et que la plante est à l'étroit. Utilisez un substrat bien drainé et léger.
Multiplication : bouturage de tronçons de feuilles avec la méthode du cal ou division des rejets.
Soins particuliers : aucun, c'est une plante extrêmement résistante à condition de ne pas trop l'arroser.

Les secrets d'une coloc réussie !

Les racines sont très courtes tandis que les feuilles sont longues et lourdes. Il vaut donc mieux éviter de rempoter trop souvent, au risque de voir la plante basculer. Optez également pour un pot qui sera plus large que haut.

Zoom sur : un mode de bouturage original

Pour bouturer la sansévièria, il suffit de couper une feuille en tronçons d'environ 7 cm. Faites une marque sur le haut de la bouture pour vous souvenir du sens, puis laissez sécher vos boutures durant deux semaines dans un endroit bien sec et à l'abri du soleil. Enfin, vous pourrez les placer dans un fond d'eau (côté opposé à la marque) ou directement en pot. Ne vous inquiétez pas si cela prend du temps, la sansévièria est une plante à la croissance très lente !

SPATHIPHYLLUM SPP.

Facile à cultiver, expressif et dépolluant, il est sans hésitation LA plante que je conseille pour débuter ! Il existe plusieurs espèces et variétés aux caractéristiques globalement identiques.

NOM VERNACULAIRE	FAMILLE	ORIGINE
fleur de lune	*Aracées*	*Amérique du Sud*

Taille : 70 cm x 1 m environ.
Floraison : apparition de spathes vertes à blanches une à plusieurs fois par an.
Exposition : grande tolérance lumineuse. Pas de soleil direct.
Arrosage : par bain ou douche. Ses feuilles s'affaissent significativement lorsqu'il a soif : inratable ! Attention simplement aux excès d'arrosage.
Engrais : une fois par mois de mars à octobre puis tous les deux mois de novembre à février.
Rempotage : dès qu'il est à l'étroit ! Sa croissance est raisonnée, inutile de le rempoter trop régulièrement. Attention aussi à ne pas choisir un pot trop grand, où il risquerait de végéter.
Multiplication : au fur et à mesure de sa croissance, vous verrez apparaître des rejets à son pied. Profitez du prochain rempotage pour les séparer et les rempoter individuellement.
Soins particuliers : dépoussiérez et brumisez régulièrement pour garder de belles feuilles.

Les secrets d'une coloc réussie !

Cette plante se comporte parfois en diva. Si elle se sent bien, elle peut arrêter de fleurir. Pour s'assurer une bonne floraison, la technique du stress est tout indiquée pour elle (voir la « foire aux questions végétales », page 126).

Zoom sur : les plantes dépolluantes

On entend souvent l'expression « plante dépolluante ». Alors, info véritable ou argument marketing ? Certaines plantes ont une véritable action sur des polluants ou des produits chimiques nocifs. Le spathiphyllum, par exemple, se classe parmi les meilleurs épurateurs d'air. Mais les études ont aussi démontré que cette dépollution n'était réellement quantifiable que dans des espaces confinés. Concrètement ? Rien ne vaut un bon bol d'air frais en aérant votre logement régulièrement ! Les plantes sont un petit plus, mais hélas insuffisant pour créer une atmosphère saine.

Les rock stars de nos intérieurs

TILLANDSIA USNEOIDES

Une chevelure d'argent, qui semble flotter au moindre courant d'air, ce n'est pas courant ! Voilà une plante vraiment originale, sans racines, qui apportera une véritable touche d'originalité chez vous. Un *must have* si vous n'avez plus d'espace au sol pour un pot !

NOMS VERNACULAIRES
cheveux d'ange, fille de l'air, mousse espagnole

FAMILLE
Broméliacées

ORIGINE
Amérique centrale

Taille : 1,50 m x 15 cm en moyenne en intérieur (elle peut mesurer plusieurs dizaines de mètres de long dans de bonnes conditions).
Floraison : jaune-vert en été.
Exposition : forte luminosité, sans soleil direct.
Arrosage : une ou deux fois par semaine en été et tous les quinze jours en hiver sous la forme d'un bain d'eau tiède de 30 minutes.
Engrais : une fois par mois après un bain ou une brumisation, dilué dans l'eau.
Rempotage : aucun !
Multiplication : simple division des touffes ou taille de tronçons lorsque la plante grandit.
Soins particuliers : elle a besoin d'énormément de chaleur et d'humidité pour se développer correctement. Il faudra donc la brumiser très régulièrement en plus des bains. Mais attention à ne pas la détremper : elle a besoin d'aération pour que ses lianes puissent sécher correctement et éviter le pourrissement.

Les secrets d'une coloc réussie !

Pour savoir si votre tillandsia a soif, regardez sa couleur et sa texture. Si les tiges deviennent grises et cassantes, alors un arrosage s'impose ! Elle doit garder une belle couleur turquoise argenté.

Zoom sur : les épiphytes

On appelle « épiphytes » les végétaux qui vivent sans racines. Ils se nourrissent de l'humidité de l'air et des ruissellements riches en nutriments. Il existe de très nombreuses variétés de tillandsias qui, comme beaucoup d'orchidées, pourront être installées en suspensions : sur des coquilles d'oursins, du bois flotté, du fil de fer, etc. Avec elles, vous avez de quoi créer un décor féerique, à condition de bien respecter leurs besoins !

TRADESCANTIA ZEBRINA

Rose, violet, vert, crème, argenté... Il existe de très nombreuses variétés de misères aux coloris divers. La zebrina est particulièrement belle, elle semble miroiter de milliers de paillettes d'argent lorsqu'elle est exposée à la lumière. Et puis, avouons que la misère porte bien son nom car elle se contente d'un rien pour pousser !

NOM VERNACULAIRE	FAMILLE	ORIGINE
misère zébrée	*Commelinacées*	*Amérique du Sud*

Taille : 30 x 10 cm environ.
Floraison : rose, du printemps à l'automne.
Exposition : ombre à mi-ombre et jamais de soleil direct.
Arrosage : modéré. Elle supportera sans souci les oublis, mais attention aux excès qui feront jaunir les feuilles et pourrir les tiges.
Engrais : tous les mois aux belles saisons et tous les trois mois en périodes fraîches.
Rempotage : tous les deux à trois ans car elle se contente de peu et semble même apprécier d'être à l'étroit.
Multiplication : très simple par bouturage dans de l'eau ou directement en pot. Ses tiges sont très cassantes pour pouvoir justement se bouturer naturellement.
Soins particuliers : avec l'âge, les tiges peuvent s'étioler et la plante se déplume. N'hésitez pas à la tailler pour stimuler de nouvelles pousses.

Les secrets d'une coloc réussie !

Utilisez-la en association avec d'autres plantes ou même en composition. Elle habillera le pot par son port rampant et cassera les angles droits avec ses lianes qui retombent avec grâce.

Zoom sur : l'étiolement

Les plantes au port rampant, retombant ou grimpant ont tendance à s'étioler avec le temps : manque de lumière, pas assez de nourriture, problème d'arrosage ou simplement dégénérescence due à la vieillesse. Dans ces cas-là, n'hésitez pas à tailler votre plante et replantez les tronçons au pied. Cela permettra à votre plante de se multiplier et donc de s'étoffer.

YUCCA GIGANTEA

Si vous possédez un espace largement ensoleillé et chaud, le yucca est LA plante faite pour vous ! Il ne vous en voudra pas si vous le laissez plusieurs semaines, voire plusieurs mois sans arrosage.

NOMS VERNACULAIRES

yucca pied d'éléphant, yucca géant, yucca du Guatemala

FAMILLE

Asparagacées

ORIGINE

Amérique centrale

Taille : 2 m x 70 cm en intérieur.
Floraison : panicules blanches.
Exposition : plein soleil, mais attention tout de même à l'effet loupe des vitres !
Arrosage : besoins faibles. Laissez sécher le substrat intégralement entre deux arrosages. La brumisation est déconseillée.
Engrais : une ou deux fois par an.
Rempotage : tous les deux ans environ. Les racines sont très puissantes et vous verrez facilement le pot se déformer lorsque votre yucca sera à l'étroit.
Multiplication : les boutures de stipe (tronc) ou de rejets se réalisent facilement.
Soins particuliers : le yucca est l'une des rares plantes d'intérieur à avoir besoin de soleil direct pour s'épanouir. Offrez-lui la place la plus lumineuse de la maison !

Les secrets d'une coloc réussie !

Si vous possédez un balcon ou un jardin, n'hésitez pas à le sortir dès que les risques de gelée sont passés. Il appréciera particulièrement ces bains de soleil et d'air frais et pourrait même vous offrir une généreuse floraison !

Le saviez-vous ?

Si la plupart des plantes d'intérieur sont toxiques, le yucca fait exception. Ses fleurs blanches, après préparation, entrent dans l'élaboration de diverses recettes culinaires. Elles sont, paraît-il, délicieuses sous forme de beignets !

ZAMIOCULCAS ZAMIIFOLIA

Si votre intérieur est sombre et que vous avez du mal à assurer la bonne santé de vos plantes à cause de cela, alors le zamioculcas est fait pour vous ! Facile à vivre, il apportera une belle touche graphique à votre décoration.

NOM VERNACULAIRE	FAMILLE	ORIGINE
plante ZZ	*Aracées*	*Afrique de l'Est*

Taille : 1 m de haut sur 40 cm de large environ.
Floraison : spathes vertes très rares sous nos climats.
Exposition : ombre à mi-ombre.
Arrosage : modéré, toutes les deux à trois semaines environ.
Engrais : besoin faible, une ou deux fois par an suffit largement.
Rempotage : au besoin, tous les deux à trois ans environ dans un substrat bien drainé.
Multiplication : simple, possible par division de la touffe, bouture de tige et même bouture de feuilles !
Soins particuliers : la plante ZZ possède de gros rhizomes capables de stocker l'eau. Il est donc important de ne surtout pas laisser le substrat humide pour éviter un pourrissement des racines, qui lui serait fatal. On fera donc attention aux quantités données lors de l'arrosage et on privilégiera un substrat peu rétenteur d'eau lors du rempotage.

Les secrets d'une coloc réussie !

Une façon simple et originale de multiplier le zamioculcas consiste à le bouturer grâce à ses feuilles. C'est une des rares plantes d'intérieur qui ne nécessite pas d'avoir un nœud avec un morceau de tige. On placera les pétioles dans l'eau jusqu'à formation de racines avant de les repiquer en pot. Au bout de quelques mois, de nouvelles tiges sortiront de terre.

Zoom sur : le manque de lumière

Si votre intérieur manque cruellement de lumière naturelle, ne vous privez pas de plantes pour autant ! Les lampes horticoles sont de plus en plus utilisées par les particuliers. Les systèmes à LED, peu consommateurs d'énergie, permettent de pallier, voire de remplacer complètement la lumière naturelle indispensable à la croissance de nos plantes. On en trouve désormais facilement à des prix très abordables et avec de jolis designs. Renseignez-vous !

Foire
AUX QUESTIONS VÉGÉTALES

Lorsque l'on adopte des plantes, on essaie de faire au mieux mais, parfois, malgré nos bons soins et tout notre amour, il arrive qu'il y ait des soucis. Ce dernier chapitre reprend donc les principales questions que vous me posez régulièrement ainsi que certaines difficultés auxquelles j'ai pu être confrontée.

JE N'AI PLUS DE PLACE POUR UN NOUVEAU POT, UNE ASTUCE ?

Vous êtes du genre minimaliste ou vous n'avez pas de place pour une nouvelle plante ? Pas d'excuse, j'ai la solution ! Voici un système qui vous permettra d'adopter des végétaux au format réduit et qui vous demanderont un minimum d'entretien.

Le matériel

Il vous faut :

- des **bouchons en liège**
- des **petits aimants** (adaptés à la taille des bouchons)
- un **cutter** ou un **scalpel**
- de la **colle forte** ou un **pistolet à colle**
- du **terreau** tamisé
- de **petites boutures**

Les étapes

1. Creusez un bouchon en liège à l'aide d'un outil tranchant (attention aux doigts !).
2. Collez un aimant sur la longueur du bouchon.
3. Remplissez de terreau jusqu'à la moitié environ.
4. Placez votre bouture et finissez de remplir de terreau.
5. Arrosez délicatement sous un filet d'eau, en plusieurs fois pour bien hydrater.
6. Il ne reste plus qu'à accrocher vos bouchons à votre frigo ou tout autre objet métallique !

Précisions

- **Pour les boutures**, assurez-vous que les plantes sélectionnées soient compatibles avec un tel système : c'est-à-dire des végétaux de petite taille, appréciant peu de substrat et une atmosphère relativement sèche. Les **sédums**, **mini-cactées** et **sempervivums**, par exemple, sont parfaitement adaptés. J'effectue l'arrosage environ une fois par semaine en été en utilisant une pipette ou une seringue. Vous pouvez également passer le bouchon sous un petit filet d'eau du robinet.
- Si votre plante commence à devenir **trop grosse**, n'hésitez pas à la tailler et à repiquer votre bouture dans un nouveau bouchon !

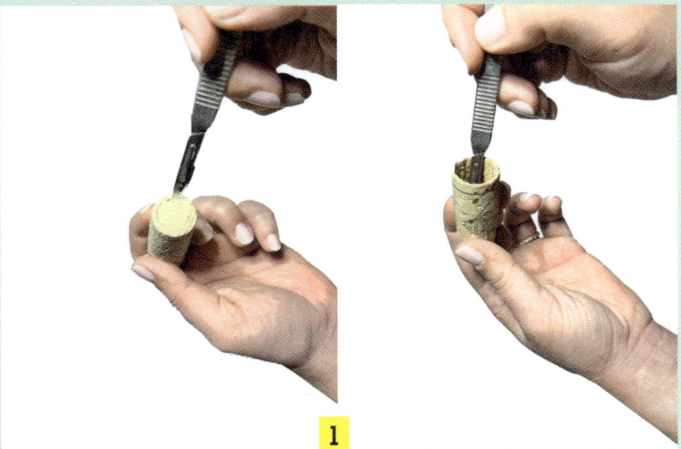

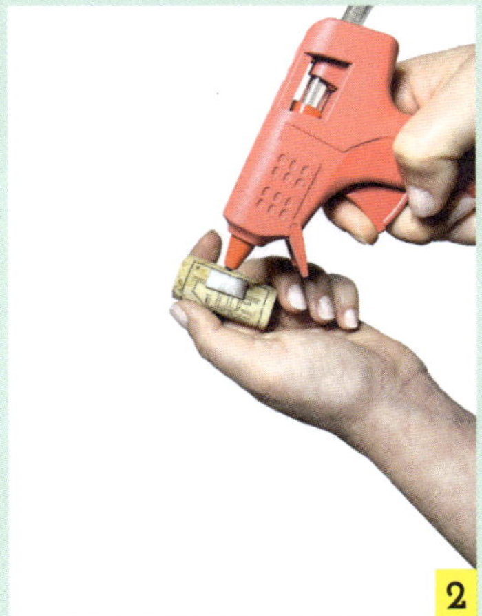

Et voilà !

JE PARS EN VACANCES : COMMENT ME DÉBROUILLER ?

Si vous voyagez régulièrement, la question des absences peut être un frein dans l'adoption de plantes. Mais rassurez-vous, avec quelques astuces, vous pourrez partir l'esprit tranquille !

Saison froide

Si vous partez en automne ou en hiver durant une ou deux semaines, sachez que les plantes entrent en repos ou le sont déjà. Elles vont, pour la plupart, stopper leur croissance et cela tombe bien, car il faudra **peu les arroser** ! Donnez-leur un bon bain avant de partir, en veillant à ne surtout pas laisser d'eau stagnante dans les coupelles. Inutile de les noyer, elles attendront votre retour !

Saison chaude

En partant au printemps et particulièrement en été, il faudra ruser. Vos plantes sont en pleine croissance et ont **besoin d'apports en eau réguliers**.
Si vous avez la chance que quelqu'un vienne arroser, n'hésitez pas à classer vos plantes par besoin en eau ou à mettre des Post-it de couleur pour indiquer la fréquence d'arrosage. Très important : ne pas oublier de ramener un beau cadeau à votre *plant-sitter* !

Conseil pour toute l'année

Si vous n'êtes absent que quelques jours, inutile de faire appel à quelqu'un pour arroser vos plantes. Il vaut mieux qu'elles aient un peu soif plutôt que de subir un excès d'arrosage par un proche zélé qui voudra bien faire !

Je n'ai personne pour m'en occuper, comment faire sans *plant-sitter* ?

Pas de panique, on trouve toujours des solutions ! Voici le rituel que je mets en place pour mes plantes lors de mes départs.

Je les baigne

Il est important de bien **hydrater le substrat** avant de partir. Un bain copieux permettra à vos plantes d'avoir un maximum d'eau à disposition les premiers jours. Évitez cependant de laisser de l'eau stagnante dans les coupelles.

Je les regroupe

Mettez toutes vos plantes dans une **pièce fraîche** et **sans soleil direct**. Cela évitera qu'elles aient trop chaud et ne se déshydratent trop vite. De plus, la transpiration combinée de toutes ces dames permettra de garder une certaine humidité dans la pièce.

Je ruse

Utilisez un **système d'appoint**, qui arrosera faiblement mais en continu. Personnellement, je mixe toutes ces méthodes :

- Oyas (voir page 44), bouteilles retournées (voir page 69), etc.
- Technique de la ficelle : remplissez une bassine et reliez chaque plante à cette source d'eau en enfonçant 1 à 2 cm de ficelle dans le terreau.
- Eau gélifiée ou billes d'eau, qui se trouvent facilement en jardinerie.
- Arrosage automatique solaire (un peu onéreux à l'achat, mais qui peut sauver des vies !).

J'installe un système d'humidification de l'air

Une plante supportera plus facilement un substrat sec **si l'air est humide** et qu'elle peut en capter l'eau. Personnellement, je remplis toujours quelques seaux d'eau que je couvre d'une moustiquaire et que je place à proximité de mes plantes. L'eau va s'évaporer petit à petit, humidifiant l'air de la pièce.

Ces astuces ne s'appliquent qu'aux plantes gourmandes en eau. Si vous avez des cactées ou des succulentes, elles supporteront sans broncher une petite diète d'arrosage !

JE RENTRE DE VACANCES, MES PLANTES SONT EN PLS !

Vous avez suivi (ou pas) les conseils donnés précédemment et, malgré tout, vos plantes ont pris un petit coup de bambou ? Pas de panique, voyons quels soins leur prodiguer !

Arrosage

Après une période de diète, on serait tenté d'arroser abondamment. Personnellement, je ne le recommande pas car, après un stress par manque d'eau, il serait dangereux de provoquer un nouveau stress dû à... **un excès d'arrosage** !

Commencez donc par **réhydrater progressivement** votre substrat, sans le détremper. Après une semaine de réacclimatation, vous pourrez faire prendre un bain à vos plantes pour finir d'étancher leur soif !

Soins des feuilles

Si vous vous êtes absenté en été, il y a sûrement quelques feuilles sèches ou jaunies. C'est le moment idéal pour un **petit rafraîchissement** ! Retirez toutes les feuilles mortes ou abîmées, puis procédez à un nettoyage pour ôter la poussière accumulée (je vous en dis plus page 57).

Nourriture

Après deux semaines, votre plante devrait s'être remise de ses émotions. Vous allez donc pouvoir la nourrir avec de l'**engrais**. Mais attention : jamais avant ! **Attendez** qu'elle soit parfaitement réhydratée, sinon les racines seraient immédiatement brûlées par le produit.

Less is more

Lorsqu'une plante va mal, notre premier réflexe est de vouloir améliorer ses conditions de culture. Et, comme je le répète depuis le début de cet ouvrage, c'est en voulant trop bien faire que des catastrophes arrivent. Si une de vos plantes est en souffrance, vous serez peut-être tenté de la rempoter : grosse erreur ! Déjà affaiblie, elle supporterait difficilement un changement d'environnement. Laissez-la reprendre des forces et utiliser son énergie pour sa reprise plutôt que de l'épuiser en lui demandant de créer de nouvelles radicelles.

À QUELLE FRÉQUENCE ARROSER ?

Âge, exposition, saison, localisation, origine, substrat ou pot sont autant de facteurs qui influencent la quantité et la fréquence des arrosages. S'il est impossible de donner une indication précise, voici quelques conseils pour vous aider à y voir plus clair.

Recherches

À l'aide d'ouvrages et de sites spécialisés, renseignez-vous sur l'espèce en question et **recoupez toujours les informations** (on lit parfois beaucoup de bêtises) pour obtenir une estimation.

Acclimatation

S'il est conseillé d'arroser, par exemple, une fois par semaine, **augmentez la durée d'un tiers,** soit neuf ou dix jours. Mieux vaut que votre plante ait un peu soif au début que l'inverse. Vous **adapterez plus finement la fréquence** ensuite en l'observant.

Composition

Adaptez-vous au **substrat** et à la matière du **pot**.

- **Si le pot est en plastique** et qu'il n'y a que du terreau, réduisez la dose : c'est un matériau qui garde bien l'humidité – ce qui peut être problématique si vous avez tendance à avoir la main lourde sur l'arrosage !
- **À l'inverse, si le pot est en terre cuite** et qu'il est drainé, vous pourrez arroser plus abondamment : il s'agit d'un matériau poreux, qui permet à l'eau de s'évaporer bien plus rapidement.

Dosage

Arroser tous les X jours, OK. Mais en quelle quantité ? Cette information n'est jamais précisée et pourtant elle est capitale. Si vous douchez votre plante, je vous conseille de verser l'équivalent **d'un quart du litrage** de votre pot. Vous **adapterez ensuite** le dosage selon la réaction de votre plante.

Saisonnalité

Les fréquences d'arrosage vont varier selon la saison. Personnellement, j'ai conçu un moyen mnémotechnique qui n'est pas une règle absolue, mais qui m'aide à estimer les besoins de ma plante. C'est le « 1-2-3 », c'est-à-dire que si j'arrose une fois par semaine en été, j'arroserai une fois toutes les deux semaines au printemps et à l'automne, et une fois toutes les trois semaines en hiver.

Adaptation

Pour vous faciliter un maximum les choses, je vous conseille d'adapter votre substrat aux besoins de votre plante pour **ne pas être esclave de l'arrosage**. Si elle est gourmande en eau, optez pour un substrat riche en matière humide et évitez les matériaux drainants.

N'hésitez pas à installer également un **système d'arrosage**, comme un oya (voir page 44), qui vous permettra de retarder le moment où vous allez devoir arroser, et donc d'homogénéiser au maximum les fréquences d'arrosage avec vos autres plantes.

J'AI TROP ARROSÉ, COMMENT RATTRAPER ?

C'est un bon réflexe de vous être posé la question car, comme nous l'avons vu et revu au cours de cet ouvrage, les arrosages trop importants sont les pires ennemis de nos plantes ! Voyons donc comment bien procéder pour éviter que choupette ne rende l'âme.

1. Ne mettez pas votre pot au soleil. On est tenté de penser que c'est une bonne idée, mais vous risqueriez de brûler le feuillage et de générer une forêt de champignons.
2. Égouttez immédiatement votre pot en enlevant la soucoupe pour permettre à l'eau de s'évacuer.
3. Si votre pot est en terre cuite et que les températures sont élevées, l'excès d'eau va rapidement s'évaporer. Sinon, passez à l'étape suivante.
4. Sortez la motte du pot afin que le substrat sèche plus rapidement.
5. Si l'accident a eu lieu il y a plusieurs jours, vérifiez que les racines ne soient pas pourries. Si c'est le cas, coupez les tronçons les plus abîmés et saupoudrez de cannelle (c'est un cicatrisant naturel).
6. Si votre substrat n'est pas drainé, c'est peut-être le bon moment pour le faire et éviter ainsi de nouveaux accidents ! Ajoutez des billes d'argile en mélange à votre terreau et n'oubliez pas le fond drainant.
7. Attendez que le substrat ait séché en périphérie avant de remettre la motte en pot.

QUAND J'ARROSE, L'EAU S'ÉCOULE AUSSITÔT HORS DU POT

À l'inverse du sujet précédent, vous avez oublié un peu trop longtemps votre plante et vous vous décidez (enfin) à l'arroser. Le problème, c'est qu'à peine versée, l'eau s'écoule immédiatement hors du pot et se retrouve dans la coupelle ou par terre. Deux raisons possibles à cela.

Votre substrat est tellement sec qu'il ne peut pas s'hydrater

Vous voyez un sol fissuré dans le désert ? C'est le même principe pour le terreau : il se rétracte et l'eau passe à travers les failles sans le mouiller.

Dans ce cas, la solution est simple : **faites prendre un bain** à votre pot, dans une bassine. Le substrat aura le temps de se gorger d'eau et donc de se réhydrater progressivement. Mais la prochaine fois, n'attendez pas si longtemps pour arroser !

Votre substrat est « trop vieux » !

Eh oui, tout le monde vieillit, même le terreau ! Au fil du temps, la matière organique qui compose le substrat se dégrade par l'action des éléments extérieurs : le soleil, la température ou encore l'eau. Mais aussi par l'action de votre plante et des micro-organismes qui la consomment.

Dans ce cas, un **rempotage** est nécessaire ! Ajoutez du terreau frais, sans oublier de griffer la motte. Cet apport riche en matière rétentrice d'humidité plaira aux racines de votre plante ainsi qu'à votre parquet !

MONTRE-MOI TES FEUILLES : JE TE DIRAI CE QUI NE VA PAS !

Les premiers signes de l'inconfort d'une plante se traduisent généralement par une altération du feuillage. Le problème, c'est que des maux très différents peuvent donner des symptômes sensiblement identiques. Par exemple, si une plante a soif, ses feuilles jaunissent. Et si elle a trop d'eau, ses feuilles... jaunissent aussi ! Alors, comment s'y retrouver ? Pour cela, nous allons regarder les autres symptômes ainsi que les conditions de culture de la plante afin de trouver l'origine du problème.

Mais

qu'est-ce qui nous arrive ?

DES TÂCHES MARRON SUR LES FEUILLES ?

Vous arrosez beaucoup ou le substrat a tendance à rester humide ?

OUI

Comme pour les feuilles jaunes ou noires, la plante se colore si le substrat est trop humide ou asphyxiant. Réduisez l'arrosage et ajustez la composition de votre drainage.

NON

Taches sur les bords de la feuille.

OUI

Je mets de l'engrais régulièrement ?

OUI

Excès d'engrais ou substrat vieillissant. Ajustez le dosage ou renouvelez une partie du terreau.

NON

Carences en potasse : apportez un engrais adapté.

NON

Taches aléatoires.

Attaque de ravageurs type champignons : mettez du fongicide.

NON

Feuille très sèche et cassante.

Manque d'eau. Réhydratez le substrat progressivement sans noyer la plante.

NON

Pointe de la feuille uniquement.

Air trop sec. Installez un brumisateur et pensez à vaporiser régulièrement le feuillage.

LES FEUILLES SONT JAUNES ?

Le substrat est humide ou a tendance à l'être ?

OUI

Avec trop d'humidité, les racines sont asphyxiées. Laissez le substrat se ressuyer ou asséchez-le, puis réduisez les arrosages. Ajoutez du drainage dans le substrat.

NON

Je mets de l'engrais régulièrement ?

OUI

La plante a soif, il est nécessaire de l'arroser. Réhydratez-la progressivement et ajustez éventuellement le substrat, notamment les éléments rétenteurs d'humidité.

NON

Chlorose ou carence en azote. Ajoutez de l'engrais et évitez d'arroser avec de l'eau calcaire ou décompactez votre substrat.

LES FEUILLES NOIRCISSENT ?

Le substrat est humide ?

OUI

Trop d'arrosage, les racines nécrosent. Ajoutez du drainage.

NON

Je mets de l'engrais régulièrement ?

OUI

Brûlure probable : engrais sur terreau trop sec ou apport en trop grande quantité, ajustez le dosage.

NON

Il y a des petits points blancs ou de la poudre blanche sur certaines des feuilles ?

OUI

Petits points type grains de riz sous les feuilles.

Ce sont des thrips : traitez au plus vite (voir page 140).

OUI

Poudre blanche sur le dessus des feuilles, comme un voile.

C'est une attaque fongique : traitez avec un fongicide (voir page 139).

NON

Cela ressemble à de la poudre noire ?

OUI

Attaque de fumagine (voir page 139) : traitez avec un mélange contre pucerons et cochenilles.

OUI

Probable attaque parasitaire type champignons : traitez avec un antifongique (voir page 139).

LES FEUILLES PÂLISSENT : C'EST LA CHLOROSE

La chlorose est une maladie assez répandue qui touche particulièrement les plantes à feuillage persistant (fatsia, érables, agrumes, etc.). Les nutriments sont mal absorbés par les racines, la chlorophylle disparaît peu à peu du feuillage, la plante s'affaiblit et périclite.

Jaunissement voire blanchiment du limbe, mais les nervures restent bien colorées.

- **Le substrat est détrempé ou trop tassé (et donc asphyxiant).**
  → Arrosez moins et aérez le substrat. Procédez à un décompactage et ajoutez du drainage.
- **L'eau d'arrosage est trop calcaire.**
  → Acidifiez le substrat en ajoutant des écorces de pin.
- **Le pH de l'eau d'arrosage ne lui convient pas.**
  → Acidifiez votre eau en amont.
- **Elle manque de fer.**
  → Utilisez un produit anti-chlorose ou un engrais riche en fer ; enfouissez un peu de compost ou réalisez des purins ou décoctions d'éléments riches en fer comme l'ortie, le persil ou la peau de banane.

MA PLANTE A BRÛLÉ SUR LE REBORD DE LA FENÊTRE

Comme nous, les plantes peuvent attraper des coups de soleil (des coups d'amour, des… pardon !). Malheureusement pour elles, ces brûlures sont irrémédiables sur un feuillage. Il est donc important de tout mettre en œuvre pour prévenir ces incidents et guérir nos protégées.

Prévenir

Comme nous l'avons vu, la plupart des plantes d'intérieur **redoutent les expositions directes**. Si, comme moi, vous avez votre « coin plantes » exposé plein sud, il faudra ruser. Personnellement, j'ai installé des feuilles de papier de soie contre certaines vitres afin de conserver la clarté tout en évitant que les rayons ne brûlent mes colocs les plus fragiles.

Pour les espèces qui supportent partiellement le soleil, il faudra les **acclimater progressivement**. Comme pour nous, il est impératif de les préparer au soleil ! Quelques minutes seulement aux heures les moins chaudes pour commencer puis, peu à peu, vous pourrez les rapprocher de la source lumineuse : centimètre par centimètre, jour après jour, pour ne pas les brusquer !

Guérir

Si une de vos plantes a attrapé un **coup de soleil**, sachez que maintenant que « le mal est fait » et que les brûlures sont visibles, votre plante n'ira pas plus mal.

1. Commencez par lui faire prendre un bain de quelques minutes seulement pour réhydrater le terreau et humidifier les feuilles.
2. Rapprochez-la peu à peu de son emplacement avec une protection (voilage, papier de soie) ou ailleurs à l'abri du soleil.
3. Ensuite, il y a deux possibilités :

- **Si elle est très partiellement brûlée** : attendez 48 heures, puis coupez les feuilles qui sont définitivement sèches.
- **Si la majorité des feuilles a brûlé** : taillez la plante à ras (eh oui, pas le choix !) pour éviter qu'elle ne s'épuise. Elle gardera ses forces pour faire de nouveaux départs au collet.

4. Dans tous les cas, **reprenez les arrosages** comme d'habitude et procédez à un **apport d'engrais** dans les quinze jours qui suivent, histoire de lui redonner la patate !

MA PLANTE NE FLEURIT PLUS, COMMENT FAIRE ?

Voilà une question que vous me posez régulièrement et dont la réponse vous étonne et vous amuse. Faisons donc un nouveau point sur la floraison de nos chères colocs !

Pourquoi une plante fleurit ?

Comme nous l'avons vu page 58, la plupart de nos plantes d'intérieur fleurissent ou, en tout cas, en ont la capacité. Il faut savoir qu'une plante ne fleurit pas par hasard (et encore moins pour nous faire plaisir). Elle le fait dans l'unique but de se reproduire, de se multiplier. Mais cela lui demande de mobiliser beaucoup d'énergie, il faut donc que le jeu en vaille la chandelle.

Pourquoi la mienne boude ?

Dans nos intérieurs, nos plantes sont bichonnées. Il faut bien comprendre qu'elles n'ont aucun intérêt à fleurir et par conséquent à « gaspiller » de l'énergie pour cela. L'astuce va donc consister à les stresser, et ce, pour deux raisons :

- **La première est de leur faire croire que leur vie est en danger.** Leur réponse sera de tout mettre en place pour se reproduire afin de perpétuer la lignée et donc… de fleurir !
- **La seconde raison est toujours liée aux conditions de culture.** Coupées des variations naturelles de leur environnement d'origine, les plantes ont du mal à savoir en quelle saison elles sont et quand elles doivent fleurir. Là encore, la solution consistera à apporter un changement suffisamment brusque pour que cela déclenche une floraison.

Et donc, concrètement ?

Pour « stresser » une plante, on pourra agir sur différents paramètres liés à son environnement actuel :

- la **durée d'ensoleillement** ;
- la **température de la pièce** (et notamment les écarts entre le jour et la nuit) ;
- l'**arrosage** (quantité et fréquence).

« Stresser » une plante peut paraître complexe mais, en réalité, on le fait souvent sans le vouloir. Ne vous êtes-vous jamais félicité de voir un spathiphyllum refleurir après avoir oublié de l'arroser et qu'il a failli passer l'arme à gauche ? C'est typiquement un cas de stress hydrique : privée d'eau pendant quelque temps puis réhydratée, la plante réagit en fleurissant pour assurer sa survie grâce à sa descendance.

À chaque plante, sa méthode

Les techniques de « stress » varient d'une plante à l'autre, alors n'hésitez pas à faire des recherches sur l'espèce en question pour trouver les méthodes adaptées, l'idée n'étant pas de se transformer en bourreau ! Par exemple, vous pouvez placer la plante dans le noir pendant plusieurs jours, à heure fixe : elle pensera que la saison a changé et pourra fleurir ! Cela fonctionne bien pour les kalanchoés et les euphorbes de Noël. Dans les pages qui suivent, je vous explique néanmoins qu'une plante ne ressent pas le stress comme nous autres, humains !

LES « POURQUOI » ET « COMMENT » DE L'AMOUREUX DES PLANTES

Vous voilà désormais plus à l'aise avec vos plantes. Mais aux questions de « débutant » se succèdent des questions plus « techniques ». Voyons cela !

On nous aime tellement !

EST-CE QUE MA PLANTE VA SOUFFRIR AVEC TOUT ÇA ?

Certains d'entre vous auront peut-être un petit pincement au cœur en lisant les pages suivantes. Inutile de chercher à rejoindre la SPP (N.D.L.R. : la Société protectrice des plantes), je vous explique pourquoi !

Une plante souffre-t-elle ?

De nombreux ouvrages scientifiques et philosophiques existent sur le sujet, donc je ne vais pas m'étaler très longtemps. Il faut savoir que le fait qu'une plante soit un être vivant n'implique pas que ce soit un être sensible capable de ressentir ce que l'on nomme la « douleur ».

Certains végétaux, comme le célèbre *Mimosa pudica*, réagissent au toucher en repliant leurs feuilles, par exemple. C'est une réponse mécanique à ce qu'ils considèrent être une agression extérieure, un peu comme lorsque nous éternuons. Les plantes **ne possèdent pas de système nerveux**, ce qui leur épargne la souffrance propre à l'animal.

Si vous aimez les plantes...

... alors vous savez qu'il s'agit d'êtres vivants infiniment complexes qui possèdent leurs propres mécanismes, lesquels n'ont souvent rien à voir avec ceux que nous avons, nous autres animaux. Je trouve cela dommage d'entendre parfois cette philosophie anthropocentrée qui voudrait qu'une plante ait les mêmes sentiments qu'un humain. C'est un point de vue, pour moi, extrêmement réducteur, qui ne rend pas hommage à la fabuleuse richesse du monde végétal, qu'on se le dise !

QUAND, COMMENT ET POURQUOI TAILLER ?

Maintenant que vous êtes rassuré quant à la question de la « souffrance végétale », nous allons pouvoir parler sereinement de la taille de nos colocs.

Pourquoi tailler ?

Dans la nature, personne ne vient avec ses petits ciseaux pour faire une nouvelle coupe à Bérangère la fougère. Mais divers événements, comme des **intempéries**, peuvent casser des branches ou même des troncs ; les plantes y sont donc « préparées ». Certaines ont d'ailleurs, comme la misère, des tiges extrêmement cassantes afin de pouvoir justement profiter de ces **accidents** pour **se bouturer naturellement**. Cela leur permet de se « remplumer » en créant de nouveaux départs.

Il n'est donc pas fondamentalement nécessaire de tailler une plante. Mais cela peut permettre de donner un « **coup de fouet** » à des tiges qui s'étiolent. On peut aussi le faire pour des **raisons esthétiques** : port peu harmonieux, feuillage abîmé, proportions trop imposantes, etc.

Quand tailler ?

Vous êtes maintenant au taquet, reste simplement à savoir quand procéder ! Il est conseillé d'attendre **la sortie de l'hiver / le début du printemps**, lorsque les jours commencent à rallonger et que les températures sont plus douces. Cela vous permettra d'agir avant que votre coloc ne produise les nouvelles tiges de l'année ; vous partirez ainsi sur de bonnes bases.

Comment tailler ?

Avant de sortir vos ciseaux rouillés de votre tiroir à bricolage, il est important de rappeler que la taille n'est pas un geste anodin. Vous allez créer une ou plusieurs plaies qui vont être de véritables **portes d'entrée pour les bactéries et les virus**. Comme l'idée n'est pas de mettre en péril votre plante avec une infection, il est impératif de prendre quelques précautions.

- Choisissez un outil (sécateur, ciseaux, scalpel ou autre) parfaitement **tranchant** et qui permettra de réaliser une coupe nette. Évitez de laisser des morceaux de fibres dépasser.
- Il est impératif de **désinfecter** votre outil avant de tailler mais aussi après si vous passez à la coupe d'un autre végétal. Personnellement, j'utilise de l'alcool modifié (celui que l'on trouve autour des 3 euros en pharmacie). Il permet de nettoyer facilement la lame et de détruire les principaux pathogènes.
- Si vous devez couper de gros tronçons, je vous conseille de **couper en biseau**, plaie vers le bas. Cet angle évitera que de l'eau d'arrosage ou de brumisation ne stagne sur la plaie et ne crée une infection.
- S'il s'agit de tiges, coupez **au-dessus d'un nœud** pour favoriser le départ de nouvelles pousses. Et n'oubliez pas que vous pouvez récupérer la coupe pour en faire des boutures !

Pour les plantes qui n'ont qu'une tige principale, on peut procéder à un **pinçage**. C'est-à-dire que l'on taille à la hauteur qui nous intéresse pour permettre à la plante de **s'étoffer en largeur** : elle stoppera sa croissance à la verticale et produira de nouvelles tiges à l'horizontale !

MA PLANTE A FLEURI, PUIS-JE COUPER LES TIGES ?

Je coupe ? Je coupe pas ? On se pose toujours la question au début, et c'est normal, car on a peur de mal agir avec une arme à la main ! Disons-le tout de suite : oui, on peut couper les tiges, mais pas n'importe comment !

Pour quoi faire ?

Si vous ne souhaitez pas récupérer les graines, je conseille de tailler votre plante **après chaque floraison**. Cela évite qu'elle ne s'épuise pour rien et, pour certaines, cela favorise même l'apparition de nouvelles fleurs.

La méthode

Comme pour la taille classique, utilisez un outil parfaitement tranchant et désinfecté. Si les tiges sont épaisses, coupez en biseau.

Cas particulier : l'orchidée papillon

Concernant les phalaenopsis, je vous conseille cependant de **conserver la hampe florale**. En effet, même si elle sèche partiellement, l'orchidée a la capacité de créer de nouvelles fleurs dessus ! Mais sachez qu'une hampe finit toujours par sécher, c'est normal.

JE VEUX RÉCUPÉRER DES GRAINES, COMMENT FAIRE ?

Si votre plante vous a fait l'honneur de fleurir, vous pouvez avoir envie de récupérer les graines pour agrandir votre collection. Je vous explique comment ça marche.

Plusieurs choses à savoir

- Pour produire des graines, il est impératif de **féconder** les fleurs (je vous en dis plus page 58) car les pollinisateurs sont absents dans nos intérieurs.
- De nombreuses plantes sont des **hybrides stériles**. Quels que soient la méthode et les efforts fournis, vos graines ne pourront malheureusement pas germer. Il est impossible de savoir à l'avance si une plante est stérile. Pour les plants potagers qu'on trouve au printemps en magasin, la mention « F1 » indique que c'est un hybride et, de fait, on se doute qu'il est sélectionné (entre autres) pour son manque de stabilité et donc pour sa stérilité potentielle. Mais pour les plantes d'intérieur, les producteurs n'ont pas d'intérêt à le préciser.
- Il faudra vous armer de **patience**, car certaines plantes d'intérieur peuvent mettre plusieurs mois, voire plusieurs années avant de produire des gousses contenant de précieuses graines.
- Si vous avez réussi à récupérer des graines, conservez-les impérativement à l'abri de la lumière dans un **endroit sec et frais**.
- La **capacité de germination** des graines diminue drastiquement au fil du temps, alors n'attendez pas trop pour les semer !

Stocker ses graines

Utilisez une pochette en papier pour les conserver. Le plastique (ou autre matériau imperméable) risquerait de les faire germer et/ou pourrir avec l'humidité.

DES BESTIOLES SUR MA PLANTE ! QUE FAIRE ?

Lorsqu'on adopte des plantes, il n'est pas rare de voir apparaître des indésirables. Atmosphère trop sèche ou trop humide, substrat détrempé, quarantaine non respectée, les raisons de ces attaques sont variées. Pour la plupart des ravageurs, comme les pucerons, il suffit généralement de faire prendre un bain d'eau savonneuse à votre plante puis de la rincer. Mais certains sont bien plus coriaces, voici donc un petit florilège des affections les plus fréquentes et comment vous pourrez vous en débarrasser.

On nous attaque !

MA PLANTE A LA VARICELLE : LES ARAIGNÉES ROUGES

Contrairement à ce que leur nom pourrait faire croire, les araignées rouges sont des **acariens** mesurant moins de 1 mm. Elles s'attaquent à nos plantes par **piqûre** du feuillage, provoquant mouchetage jaune, assèchement puis chute.

Elles affectionnent les **atmosphères chaudes et sèches** et sont donc particulièrement voraces l'été. En mouillant le végétal, vous verrez sûrement apparaître leurs petites toiles au pied de la plante et autour des feuilles.

Comment s'en débarrasser ?

Il suffit généralement que les conditions leur soient défavorables pour les voir disparaître. **Brumisez régulièrement** vos plantes en attendant que les températures baissent.

Si cela ne suffit pas, vous pouvez opter pour un **insecticide non chimique** : huile essentielle, décoction d'ail, purin de végétaux, savon noir, etc. Il y a l'embarras du choix !

UNE NUÉE DE MOUCHERONS AUTOUR DE MON POT : LES SCIARIDES

Vous les appelez sûrement « saletés de moucherons de terreau », mais leur vrai nom est : **sciarides**. Elles sont semblables aux moucherons de fruits que l'on trouve parfois dans nos cuisines. Même si leur espérance de vie est courte, chaque femelle peut produire plus de 250 œufs à chaque ponte. Si les adultes sont inoffensifs pour nos plantes, ils **prolifèrent très vite** et leurs larves peuvent, elles, s'attaquer aux racines.

Trouver la source

Il n'y a pas de secret, si vous avez des sciarides, c'est que vous avez forcément un **problème d'humidité**. Arrosage trop conséquent, substrat mal drainé ou eau stagnante dans vos soucoupes : trouvez la source du problème avant toute chose.

Traiter

Généralement, il suffit de **laisser les pots sécher** sur quelques centimètres pour se débarrasser de ces importunes, car les œufs ne survivent pas dans un terreau sec. Pour les adultes qui restent, vous pouvez installer des pièges collants. Plus coûteux mais très efficace, vous pouvez recourir à la **lutte biologique** ! Il existe des solutions à base de bactéries ou de nématodes (ce sont des vers).

Lutter à la racine

Ensuite, vous allez pouvoir lutter contre l'éventuelle apparition de larves. Pour cela, commencez par saupoudrer de la **terre de diatomée** à la surface de tous vos pots. Cette poudre naturelle abrasive, semblable à de microscopiques tessons de verre, s'attaquera à ces insectes par contact.

Empêcher la reproduction

Dernière étape, déposez une **couche de sable fin** d'environ 1 cm sur le dessus du substrat. Ceci aura deux avantages : éviter que les adultes ne viennent pondre dans le terreau d'un côté, et empêcher les larves de sortir de sous terre de l'autre.

Les signes qui doivent alerter

Cinq semaines : c'est le temps qu'il faudra à une sciaride pour passer d**e l'état d'œuf à l'état de vieillard**. Si au-delà de cette période vous en avez encore, c'est qu'un lieu de reproduction subsiste. Aucun traitement ne fonctionnera **si vous n'éradiquez pas les conditions propices à leur ponte**.

DE PETITS MOUTONS SUR MES FEUILLES : LA COCHENILLE FARINEUSE

De petites boules de coton qui se déplacent en troupeau sur votre plante, ça serait presque mignon si cela n'engendrait pas autant de désagréments ! Cette drôle de bestiole est un indésirable très répandu : la cochenille farineuse ou laineuse. Elle aime les **atmosphères chaudes et humides** et se niche dans tous les recoins des végétaux en les colonisant rapidement.

Mesurant quelques millimètres, cet insecte piqueur suce la sève de la plante (un peu comme un moustique). Il provoque des dégâts sur les feuilles comme des décolorations et des déformations.

Comment s'en débarrasser ?

- La première chose à faire en cas d'invasion de cochenilles est d'**isoler au plus vite** votre plante pour éviter qu'elles ne prolifèrent sur d'autres.
- Si vous le pouvez, passez votre plante sous un **jet d'eau assez fort** pour décoller un maximum de squatteuses.
- Ensuite, vous allez pouvoir appliquer un **mélange « magique »** dont voici la recette.

1. Dans 1 litre d'eau tiède, mélangez 1 c. à soupe de savon noir, 1 c. à café d'alcool fort (type pharmacie) et 1 c. à café d'huile végétale (type tournesol). Mélangez bien, puis transvasez dans un pulvérisateur.
2. Nettoyez les feuilles et les tiges à l'aide d'un chiffon imbibé de ce mélange. Vous pouvez également pulvériser les recoins difficilement accessibles ainsi que la surface du substrat.
3. Répétez l'opération de pulvérisation tous les cinq à sept jours durant un mois.

UNE COLONIE DE PUSTULES SUR LES FEUILLES ? BEURK ! LA COCHENILLE À COQUE

Tout comme sa cousine la farineuse, la cochenille à coque ou à carapace est un **insecte piqueur-suceur** assez répandu qui peut engendrer des dégâts sur nos colocs. Tel un arapède sur son rocher, elle se fixe solidement sur les nervures et les tiges, et est donc difficile à déloger. On détecte souvent sa présence par l'apparition d'un **dépôt très collant** sur et sous la plante : le miellat. Vous pouvez parfois observer l'arrivée d'une colonie de fourmis qui raffolent de cette substance (miam !).

Comment s'en débarrasser ?

Le simple passage au jet d'eau ne vous permettra pas d'enlever les importunes qui sont « collées » à votre plante.

- Dans un premier temps, je vous conseille donc de **frictionner celle-ci avec de l'alcool** afin d'en déloger un maximum. Pensez à mettre du papier journal dessous car elles vont être éjectées un peu partout.
- Rincez à l'**eau claire** pour éviter les brûlures sur le feuillage.
- Ensuite, effectuez le **même traitement** (la « recette magique ») que pour la cochenille farineuse. Personnellement, je double la dose d'alcool et d'huile afin de bien pénétrer la carapace des intruses.

Rigueur et détermination

Le traitement n'est vraiment pas rigolo à faire (je suis souvent passée par là), mais il est très important d'être **régulier** dans son application afin d'éradiquer définitivement ces bestioles. Il suffit d'un oubli et d'une cochenille pour que l'invasion reparte sur plusieurs semaines, voire plusieurs mois… Procédez tous les cinq à sept jours jusqu'à disparition.

DE LA POUDRE NOIRE SUR MES FEUILLES : LA FUMAGINE

Après une attaque de cochenilles ou de pucerons, il n'est pas rare de voir apparaître un **dépôt noir** sur les feuilles : la fumagine. En plus de donner un vilain aspect à vos plantes, ce **champignon** peut les affaiblir et les tuer. Il est donc important de les traiter.

Comment s'en débarrasser ?

C'est très simple ! Réalisez cet antifongique.

1. Dans 50 cl d'eau, mélangez 1 c. à café de savon noir et 1 c. à café d'huile végétale.
2. Frottez ensuite chaque feuille pour enlever le dépôt noir.
3. Si votre plante est difficile à nettoyer (trop grande, trop de feuilles, etc.), vous pouvez pulvériser le mélange, mais ce sera forcément un peu moins efficace.
4. Peu importe la méthode d'application, utilisez le remède régulièrement jusqu'à disparition de la fumagine.

MES FEUILLES SE DÉCOLORENT, ET IL Y A DE MINI-GRAINS DE RIZ DESSOUS : LES THRIPS

Parmi tous les ravageurs de nos plantes d'intérieur, les thrips sont (pour moi) les pires. Ils sont peu visibles. On remarque généralement leur présence à la **décoloration du feuillage**, d'abord jaune puis marron, et à l'apparition de **jeunes feuilles noires et déformées**. En regardant au revers des feuilles, vous pourrez observer de **minuscules bestioles**, semblables à de petits grains de riz blancs ou noirs : ce sont les thrips !

Ils aiment particulièrement les plantes de la famille des Aracées.

Comment s'en débarrasser ?

1. Si l'une de vos plantes est atteinte, **isolez-la** immédiatement car les thrips adultes se déplacent sans problème.
2. Ensuite, saupoudrez de la **terre de diatomée** sur l'intégralité de votre plante : tiges, feuilles, substrat, pot et tuteur.
3. Enfin, pulvérisez la **même formule que pour la cochenille farineuse**, tous les six à sept jours pendant un mois au minimum.
4. Personnellement, je prépare même une décoction d'ail : je fais infuser toute une nuit quatre ou cinq gousses dans 1 litre d'eau. Je l'utilise ensuite pour réaliser le mélange dans le pulvérisateur.

Alternative et prévention

Les thrips sont des insectes dont il est **très difficile de se débarrasser**. J'ai d'ailleurs failli perdre toutes mes monsteras à cause d'une attaque : les feuilles étaient tellement atteintes que j'ai dû tout couper ! Si, comme moi, vous subissez une invasion conséquente, je vous conseille d'opter immédiatement pour la **lutte biologique**. Comme pour les sciarides, il existe des nématodes qui vont s'attaquer rapidement et efficacement à ces sales bêtes. Évidemment, ils sont sans danger pour vos plantes, vos animaux ou vous-même. Vous pouvez également en mettre en prévention à chaque printemps. Il faut aussi savoir que les thrips apprécient les atmosphères plutôt sèches. Pour prévenir leur apparition, il est donc important de **brumiser** régulièrement vos plantes.

Ouf,
je suis sauvée !

POUR CONCLURE

Nous voilà arrivés au bout de cet ouvrage, et vous avez maintenant toutes les cartes en main pour réussir votre colocation !

N'oubliez pas que chaque cas est unique et qu'il faudra un peu de temps pour apprendre à connaître vos plantes et à répondre correctement à leurs besoins. Alors, essayez, osez, tentez, ratez, râlez, soufflez, retentez, jubilez et, surtout, ne vous découragez jamais !

Chaque expérience, bonne ou mauvaise, vous fera avancer. Petit à petit, vous vous découvrirez également plus d'affinités avec certaines plantes. Et, un beau jour, vous vous rendrez compte qu'avoir « la main verte » n'est pas un don mais un apprentissage !

Bon jardinage !

Direction de la publication : Isabelle Jeuge-Maynart et Ghislaine Stora
Direction éditoriale : Émilie Franc et Julie Martin
Édition : Maud Rogers
Direction artistique : Géraldine Lamy
Couverture et conception graphique : Claire Simonet
Mise en page : Studio Asplenium
Fabrication : Bérénice Catin Poix

Crédits iconographiques
Photo de couverture : Rémi Tchagaspanian
Photos p. 23, 25, 28, 29, 31, 37, 39, 43, 45, 47, 49 (droite), 55 (bas droite), 57, 58, 59, 60, 62 (haut), 63 (haut et gauche), 65, 67, 69, 88, 111, 115, 137, 138, 140 et schémas p. 38 : Lina Tchagaspanian
Illustrations et autres photos : © Shutterstock

L'autrice remercie Elise Meiniel pour le logo Botanique Pragmatique.

ISBN : 978-2-03-602973-6
Imprimé en Espagne par Macrolibros
Dépôt légal : avril 2023
332767/01 – 11051861 – février 2023

PAPIER À BASE DE FIBRES CERTIFIÉES

LAROUSSE s'engage pour l'environnement en réduisant l'empreinte carbone de ses livres. Celle de cet exemplaire est de :
1 kg éq. CO_2
Rendez-vous sur www.larousse-durable.fr